人生の意味の「意味」

心理学から言えること

野口謙二

新曜社

まえがき

日々生活する中で「人生の意味」という言葉が頭をよぎることは少ないだろう。しかしふとした瞬間になぜ生きているのだろうかという問いが心に浮かんだり、人生の重大な局面や自分の進むべき道に大きく悩んだ時などに、人生の意味や目的について考えたりしたことはあるかもしれない。そしてこのことは人間らしさの本質であるといえる。私たちは意味を考えることによって、物事を修正したり、前に一歩踏み出したりする。もし人生の意味について一度も考えたことがないという人がいたとしても、この問いに似たことはきっと頭をよぎったことがあるだろう。つまり深く考えたことがあるかどうかにかかわらず、人生の意味はすべての人において身近な問題だといえる。

人生の意味について日本で読める過去の有名な著作としてはヴィクトール・フランクルや神谷美恵子が書いたものが挙げられる。強制収容所での体験やハンセン病患者との経験などについて触れられていて、このような特別な体験をもとに人生について考えたり、ある種の啓示が得られたりすることがあるだろう。またレフ・トルストイやセーレン・キェルケゴールは伝統的な宗教的教示から離脱することによって、人生の意味を問い直すことになった。このように人生の意味についての考えは、特別な体験から派生したり、大きな世界観の問題として捉えたりすることもできるが、それとは異なり、日常生活のそこかしこで感じる意味のように、より実際的で経験的なものとして捉えることもできる。現実には、私たちはそうした日々の意味を感じることによって、生きる糧を得ているのかもしれない。

心理学では近年、人生の意味や幸福感など、抽象的な概念に対する実証的な研究結果が積み重ねられている。これらの研究成果のもととなっているのは、研究に参加した大学生や社会人から得られたデータだ。つまり哲学者や特別な経験をした人が考える人生の意味ではなく、一般的に考えられている日常での意味である。ミッドライフ・クライシスという言葉があるように、今まで忙しく働いていた人が急に自分のやっていることに疑問を抱いたり、これからの人生をどのように過ごしていったら良いのかと考えたりすることがあるだろう。また自分も若いころそうだったように、若い人はどのように生きていったら良いかという問題を考える機会が多いだろう。多くの人にとって人生の問題を考えることは、思ったよりも身近なものだ。人生に意味などないと考えたり、そんなことを考える暇などないという人がいたりしても、きっと何らかの意味をこの本を読むことによって感じることができるのではないかと考えている。

本書では、人生の意味をどのような時に考えるのかという問いから始め、心理学研究においてどのように定義されているのかを見ていく。そして人生の意味と幸福感の違いについて考え、心理学の研究での成果を紹介する。また哲学者がどのようにこの問いに向き合い、答えを導き出したのかということについても触れ、一般の人々が考える意味と人生の意味について深く考察した人の意味の双方に触れることによって、色々な立場からこの問題について考察してみたい。そこに何らかの共通性は見られるのだろうか。つまりもし一般的な人が人生の意味など考えたことがないと言っていたとしたら、そこで得られた結果だけをもとに結論づけてしまうのは問題があるだろうし、また哲学者や作家が人生の意味について深く考えているとしても、そのような特異な存在が導き出した答えによって人生の意味について議論するのも、私たち一般の人間に対しての人生の意味という点では不十分だろう。両方の視点を取り入れることで、より人生の意味について多角的に捉えることができると考えている。

人生の意味は抽象的な概念であるが故に、それを取り扱うには数々の問題が生じる。たとえば普遍的に見出すことができるような絶対的な意味など存在しうるのだろうか。意味とは個人的で主観的なものなのか、または客観的に共有されうるものなのか。このような問いに対して答えを見つけることは難しいことではあるが、心理学の研究では人生の意味を実際の研究の対象にするために、どのように定義し、測定すべきかについて数々の議論がなされている。つまり人生の意味について問うだけではなく、それを具体的に研究しようとすることで、数々の抽象的な問題をより具体的に捉える工夫がなされている。

もし読んでいて納得のいかないことがあれば、それについてさらに考えてみるのも良いだろう。研究ではそうした新たな問いが生まれることによって次の研究を行い、さらに実証的に検討を行っている。読者もそのようにしてこの問題についてさらに考え、新たな問いに向き合ってみるのも良いかもしれない。人生の意味の「意味」について考えるというスタンスで一緒にこの問題を読み進めてもらえると、この本を読む体験がより有意義なものになるといえるだろう。

目次

装幀＝新曜社デザイン室

第1章　人はなぜ意味を問うのか

私たちは日々色々なことを考える。それは過去の辛い経験についてかもしれないし、未来についての不安や希望に関するものかもしれない。私たちはあれこれ考え、あれこれ悩み、時に迷う。人生の意味の問題とは、その延長線上にあるものなのかもしれない。言い換えれば、人生の意味への問いは自然にただ生まれてくるわけではなく、私たちが色々なことに悩んだり考えたりするから生まれるといっても良いだろう。しかしもし人生の意味について考えることがあっても、毎日人生の意味について考えているという人は稀だ。そしてもし四六時中人生の意味について考えているという人がいるとすれば、その人はある種の危機的な状況に陥っているといえるだろう。また、日々の生活に忙しく人生の意味など考えている暇はないという人もいるだろうし、毎日幸せな生活を送り、自分の生きている意味など考えたこともないという人もいるだろう。しかし人がずっと幸せで何の虚しさも感じることのないまま死んでいくことは、残念ながらほとんどないだろう。もし危機に陥る可能性が少しでもあるのだとしたら、その前に自分の生きている意味について考えてみてはどうだろうか。人生の意味を考えるということは、自分を知るということでもあり、安定した生活を築くことでもあるからだ。また少しばかり自分の人生に重みを感じるということでもある。

本書ではまず初めに、人生の意味を問うということは、実際にどんな問題について考えているのかということを明確にする。意外に思われるかもしれないが、人生の意味の問題は、心理学の研究では長い間主流のテーマとしては扱われてこなかった。主な理由としては、人生の意味を計量化して測定することが難しいことが挙げられる。もう一つの理由は人生の意味の問い自体の曖昧さにある。人生の意味を問題にする時に、それを人間の存在に普遍的な意味があるかという問いとして考えるのか、もしくは個人的な自分の人生の意味だけを問題にしているのかが不明瞭であるからだ。つまり、人生の意味を考えている人の間で違いが生じている可能性があるのだ。まずはその問題を明確にすることが人生の意味を考える上で必要不可欠なので、最初の二つの章では人はなぜ人生の意味を問うのか、そして人生の意味を具体的にどのように定義することができるのかを議論していく。

それ以降の章では心理学の研究でどのような研究がされてきたかを紹介し、さらなる考察を加えていく。人はどのようなことで人生の意味を見出しているのか、人生の意味をどんなことに求めているのかなど、調査や実験による研究をもとに、それらの問題について考察する。また人生の意味とは主観的に見出されるものか、あるいは客観的にも捉えることができるのか、また人生の意味と幸福感に違いはあるのかなどの点についても、哲学的な議論や心理学の研究成果をもとに考える。そして人生の意味を見つけたいと思ったら、どんなことが手助けになるのかについても、過去の研究成果も交えて考えてみたい。

まずこの章では、人がなぜ人生の意味について考えるのかを探っていこう。一般的に人生の意味の探求については哲学の分野で長く議論されていると思われがちだが、実際には哲学の古い歴史の中でも近代に入るまで、人生の意味に絞ってじっくりと議論されたことはなかった。多くの議論は19世紀に入ってからで、しかも文学者や実存主義者によってある種の単発的な問いかけがなされる程度であった。その理由については第二章で詳しく取り上げるが、ここでは人生の意味について代表的な著作を残した作家たちがどうして人生の意味の問題を考えるようになったのかを見ていこう。そこになぜ、人が人生の意味を考えるようになるのかという問いへのヒントが隠されているかもしれない。

知識人はなぜ人生の意味を問うたのか

トルストイの場合

トルストイは、『戦争と平和』や『アンナ・カレーニナ』などで知られる、19世紀に活躍したロシアの著名な作家だ。そして小説や戯曲の活動以外でも知られているのは、『懺悔』や『イワン・イリッチの死』などに見られるように、人生の意味を探求したことである。それは自殺の衝動に駆られるほど苦しむことになった、彼自身が人生の意味を喪失した経験をもとにしている。それではなぜ彼は、人生の意味の問題にそれほどまでに苦しむことになったのだろうか。

トルストイは文芸上または社会的にも名声を得ていた中年期になって、自身がそれまで成しえてきたことや物質的な豊かさについて疑問を抱くようになり、心の不調を訴えるようになる。しかしこうした個人的な理由以外にも、トルストイが生きた時代背景が多く関与していると考えられる。それは今まで安定した価値観を提供していた宗教への信頼が揺らぎ始めたからだった。そしてそのことは、近代化に伴う価値観の転換とも呼応している。トルストイは教会が主導する教えに疑問を抱き、そしてその揺らぎは人生の意味への問いへと発展していった。

トルストイは『懺悔』の中で、ある寓話を用いて人生の意味のなさの葛藤を物語っている。ある旅人が砂漠の中で野獣に襲われて干上がった井戸へと逃げ込む。しかしその下では実は口を開けたドラゴンが待ち構えていて、旅人は上下の敵の間で板挟みにされてしまう。旅人は何とか井戸の割れ目から生えている枝につかまり、その状態を持ちこたえる。しかし枝をつかむ腕は疲れ始め、さらには二匹のネズミが枝を齧っているのが見える。下にはドラゴンが待ち構えており、死が避けられないものであることが分かる。そんな中、旅人はつかまっている枝の葉からハチミツが垂れているのを見つける。何とか舌を伸ばし、ハチミツを舐めるとその甘さが旅人にひと時の潤いを与える。しかしそれをしばらくの間続けていると、旅人はハチミツの甘さに喜びを感じなくなってくる。そして下では確実に死が待ち構えているという現実があった。

トルストイはこの寓話の後で、自身には二つのハチミツがあったと述べている。それは彼にとっては家族と、文章を書くことであった。しかしトルストイはそれらに喜びを感じられなくなり、いずれ確実に死が訪れるのに、これらのことに何の意味があるのだろうと考え込むことになる。つまりここでトルストイは、喜びの感情もしくは幸福感だけでは人生の意味を見出すことはできないと考えている。トルストイは人生の意味など考えずにただやり過ごせば良いのだと自問するが、その考えから抜け出すことができず、自殺観念に襲われるほど追い詰められていく。最終的にはトルストイは自分なりの答えを見つけ、その葛藤から立ち直ることになる。

ここでは彼がどのようにして人生の意味について考えるようになったのかのみに触れ、彼がどのように人生に意味を見つけたのかについては後の章まで取っておこう。

このトルストイの苦難を考えてみると、いくつかの鍵となるポイントが浮かび上がってくる。一つ目は、死は確実なものであり、一時的に得られる幸福感に意味などあるのかという問いである。このことに関しては、とても重要な問題をはらんでいるので、人生の意味の問題を定義する際にもう一度考えてみたい。消えてなくなってしまうものに意味はあるのかという問題は興味深いものである。そして二つ目は、トルストイは宗教に疑問を持った時に、人生の意味を見失ったということだ。トルストイは結局以前とは違った形で宗教への信頼を取り戻すことになるが、このことも人生の意味について考える時に参考になる。他には富や名声では意味が得られないことや、家族の存在でさえもトルストイが苦しんでいた時には十分でなかったことなど、トルストイの苦しみは私たちに様々なことを示唆してくれる。トルストイは家族への見方に関しても、宗教と同じように視点を変えることによってその大切さを後で確認することになるが、これは人生の意味が主観的な側面を持っていることも物語っている。そしてトルストイの例は、一人の人間が同じ問いに関して全く違った見方をすることができるということも示している。

キェルケゴールの場合

キェルケゴールは19世紀のデンマークで活躍した作家で、哲学や神学など様々な分野で著作を残している。[1] キェルケゴールも哲学の文脈で人生の意味を論じる際に、よく取り上げられる。

キェルケゴールで興味深いところは、彼の信仰心と親から受け継いだ気質的な問題である。父親のミカエルもセーレン（キェルケゴールのファーストネーム）もどちらも抑うつ的な気質を持っており、そのことに生涯悩まされることとなった。そして父親が抱えていた神との関係によって、セーレンの人生も影響を受けることになる。父のミカエルは最初の妻を亡くした後に、他の女性と結婚して7人の子供をもうけた。しかし最初の子ができた時はまだ二人は結婚しておらず、ミカエルはそれを罪だと捉え苦しむことになる。そしてその罪のために子供たちは皆、キリストが没した33歳になる前に死んでしまうと思いこむ。実際に長男とセーレン以外の子供たちは33歳になる前に亡くなっている。セーレンは父の犯した罪を知った時に、このことを大地震と呼んでいる。キェルケゴールはこのことで複雑な信仰心を持ち、宗教や倫理、審美的生活などについても数々の著作を残している。本人も婚約した後に、その婚約を自身の持つ葛藤から破棄することになり、安定した家族生活を築くことはなかった。そして社会に制約された役割を担うだけの生き方に疑問を呈しており、個人の自由、自己の確立に関して数多く議論している。つまりキェルケゴールの抑うつ的な傾向、抱えていた葛藤、宗教との関わり方、個人として生きることなど、複数の要素が彼に影響したと考えられる。

またキェルケゴールと同じような要因を持っていたのが、アルトゥール・ショーペンハウアーやフリードリヒ・ニーチェである。[2] 二人とも著作の中で人生の意味について言及していて、その考察は哲学的な議論の中でよく取り上げられる。彼ら、そしてトルストイやキェルケゴールらに共通するのは、経済的には成功していて貧困や飢餓に苦しむ危険性はなかったこと、彼らすべてが何らかの心理的な病気を抱えていたり抑うつ的な傾向があり、価値の喪失に悩んだり、自殺衝動や不安傾向、または狂気にさいなまれていたこと、さらに彼らすべてが宗教色の強い環境で育つが、信仰心がなかったり失ったりするなど、キリスト教と複雑な関係を持っていたことである。また誰も職業的な学者ではなく、思索にたいして十分な時間を割くことができる立場にあった。つまり経済的に余裕があり、抑うつ的な傾向を持っていて、自分が拠り所にしていた価値観を失ったことが大きな背景にあると思われ、これらの条件が人生の意味を考えることに寄与したと考えられる。

カミュの場合

アルベール・カミュはノーベル文学賞を受賞した作家で『異邦人』や『ペスト』などで有名だが、『シーシュポスの神話』など、哲学的思考の面でも知られている。本人は否定しているが、実存主義の思想家と位置づけられ、のちに決別することになるジャン゠ポール・サルトルとの交遊とその後の論争でも有名である。カミュは不条理を題材として扱った作家として知られ、その不条理の自覚が彼の人生の意味への問いの核になっている。

ここでカミュを取り上げる理由は、『シーシュポスの神話』の中でカミュが論じた人生の意味の議論が哲学や心理学の研究でも多く取り上げられているからだ。『シーシュポスの神話』は神の怒りを買ったシーシュポスが、大きな岩を山の頂きに押し上げなくてはならないという罰を受け、何とか山頂にまで岩を押し上げてもそのたび岩は下まで転げ落ち、永遠に岩を押し上げ続けなくてはならないという寓話である。彼の人生を俯瞰すると、この寓話にいくつかのヒントが見られる。カミュの議論と結論については後の章で詳しく触れることにして、ここではなぜ彼が人生の意味を問うことになったのかということに焦点を当てていこう。

トルストイのケースとは違って、カミュがなぜ人生の意味を問うことになったのかははっきりしないが、彼の生い立ちや作品、問いの立て方を考えると、なぜ『シーシュポスの神話』の不条理を描いたのかが少し見えてくる。カミュは1913年にフランス領アルジェリアのモンドヴィで生まれる。農場労働者であった父はフランスから移民してきたが、第一次世界大戦に召集され戦死している。母親はスペインからの移民でカミュの父親が戦死した後、アルジェ市内の母方の実家に身を寄せ、母親の兄弟であるカミュの伯父と同居し、カミュはそれらの家族とカミュの兄との共同生活の中で成長していくことになる。生活は貧しく、父親の遺族年金や母親の家政婦で稼いだお金で何とか生活していた。そしてこうした苦難と対比する形で、惜しみなく降り注ぐ太陽やアルジェリアの豊かな自然もカミュという人間を形成する一つの核になっていた。カミュの著作の中には少年時代の思い出や自然への憧憬などが散見される。観念的世界だけではなく、アルジェリア社会での物質的、肉体的生活がカミュという存在を生み出すことになったのだと推察される。またもう一つカミュ自身に大きな要素となっていたのが、母親に聴覚障害と言語障害があったことだ。カミュは頭脳明晰で、彼の才能を見出した教師の奔走により勉学を続けることになるが、その頭が良く感受性の強い子供が母親との沈黙の生活で感じた影響が少なくないことが想像できる。内田[3]はカミュと母親との関係を分析して、カミュの初期のエッセイから以下の部分を引用している。

彼女はほとんど言葉を発しない。「ときおり『何を考えているの』とたずねると『何も』と答える。本当にそうなのだ。すべてがあるから何もないのだ。彼女の生も、彼女の利害も、彼女の子供たちも、ただその場にいるだけだ。あまりにも自然にそこにあるので彼女には感知されないのだ。」

つまり母親との関係の中にもアルジェリアの自然に対するような、価値観を排除した即物的な関係が存在していた。このことは彼が人生の意味について考えることになった一つの要因だったのかもしれない。

また彼の感受性の問題に戻るが、カミュは奨学金をもらって高校に入学する際の調査票に、母親の職業を「女中」と書かなくてはならず、そのことを恥じた。しかしカミュは自分が母親のことを書くことを恥じたことにさらに恥じたのだった。[4] その意識的すぎる感受性は、彼をさらに内省的にさせたのであろう。彼が『シーシュポスの神話』の中で議論した不条理は、意味を持たない世界と、意味を求める人間との断絶である。

カミュは人生の意味を求めたというよりも、反対に世界の意味のなさに焦点を当てていて、その中で人はどのように生きていくべきかを考えた、と捉える方が適切かもしれない。彼は46歳の若さで友人の運転していた自動車での事故でその生涯を終えることになるが、その生き方も含めて私たちに様々な示唆を与えている。カミュが人生の意味に対して出した結論については後ほど述べるが、彼がこの問題を考えるに至ったのは、世界は不条理なものであるという彼の認識に始まっている。

誰が人生の意味を問うのか——心理学研究から

ここまで著名な作家の人生を例に、人はなぜ人生の意味を考えたりするのかということを見てきた。これらの例は興味深い視点を与えてくれるが、それが代表的なものであるかという点では疑問が残る。心理学の研究では様々な人が調査や実験に参加しているので、そこで得られる結果というのはもっと一般的なもので、現代の私たちにより共通なものだといえる。そしてそれがこの本の本題でもある。私たちが一般的にどのように人生の意味について考え、どのように自分なりの人生の意味を見つけていくのかということである。心理学や精神分析学の分野からはフランクルの研究が有名だが、それはデータに基づくというよりも彼の理論や個人的な経験、患者の診察などから導き出されたものが主だといって良い。ここではそれとは異なり、社会心理学や臨床心理学の研究で得られたデータをもとに、一般的にどのように人が人生の意味を考えたり、求めたりしているのかを見ていこう。

心理学では、人々の意見や考えをデータとして得るために、しばしば質問紙が用いられる。近年よく研究で用いられている質問紙に、スティーガーら[5]が作成した人生の意味尺度（Meaning in Life Questionnaire）がある。この質問紙は意味保有（Presence of Meaning）と意味探求（Search for Meaning）という二つの下位尺度から成り立っていて、人生の意味を見つけたという意味保有と、意味をまだ探しているという意味探求とに分けて人生の意味の問題を探っている。

この質問紙が開発されるまでは、人生の意味はそれをすでに持っているかどうか（意味保有）や、人生の目的を持っているかどうかという点から測定されることが多かったが、スティーガーらは人生の意味を探求しているという面も研究されるべきだと主張して、意味探求の質問紙を作成した。この質問紙を用いることによって、どれだけ人は人生の意味を探しているのか、またどんな時、そしてどんな人が、人生の意味を探しているのかを理解することができる。

この章では人がなぜ人生の意味を考えるようになるのかを問題にしているので、人生の意味を探しているという意味探求の傾向についてまず見ていこう。初めに、年齢との関係から見てみよう。

結果はほぼ予想通りではあるが、若い人ほど意味を探求する傾向があることが分かっている。ライフスパンとの関係を見た研究によると、18歳から44歳までのグループが一番意味を探求する傾向が高く、それ以降の年齢では次第にその傾向は下がっていくことが分かっている。[6] しかしスティーガーらは老齢期の方が意味探求の得点は下がっているものの、その得点は予想よりも高い傾向を示しており、老齢期というのは以前に考えられていたほど安定した時期ではないのかもしれないと指摘している。仕事から引退したとしたら、また新たな生活のリズムや自身の役割を見つけなくてはならず、そのために予想されていたよりも意味探求の得点が下がってはいないのだとスティーガーらは考察している。

この研究では意味探求の傾向とは反対に、意味を保有しているという人の割合は、年齢が上がるにつれて増えていた。また彼らの研究では人生の意味を探している人は幸福感が低い傾向があり、それはどのグループにおいても見られる傾向であった。つまり幸せに感じていない人ほど人生の意味について考えていることが分かった。そして興味深いことに、幸福感が低いことと人生の意味を探す傾向については、65歳以上のグループでさらに顕著であった。つまり長い人生を経てそれでも意味について考えるということは、自分の人生に満足していないということの表れなのかもしれない。

また年齢と関連しているが、少し違う観点で興味深い研究がある。[7] この研究では年齢の節目ごとに人生の意味について考える傾向がどう変わるかを調べている。年齢は10歳ごとに節目が来るが、その節目の代わる前に人生の意味について考える傾向があるのではないかという仮説を立てている。たとえば29や39といった年に自分の人生について思いを巡らせたり、何か自分にとって思い出に残ることや価値のあることをしたりすると考えられ、それがデータによって支持されるかを検討している。

彼らは国際的に行われた調査データの分析を行って、年齢の一桁に9がつく人とそれ以外の人の間で人生の意味について考える程度に差があるかを比べ、9がつく年齢の人の方がそれ以外の人よりも人生の意味について考える傾向が高いことを証明している。また他のデータを用いた分析では、インターネットのマッチングサイトに登録した人の年齢のデータを集め、最後に9のつく年齢の人の方が他の年齢の人よりも多くマッチングサイトに登録していたり、アマチュアのマラソンランナーの記録を見ると、29歳もしくは39歳に走った時の記録の方が、その2年前（27歳や37歳）や2年後（31歳や41歳）に走った時よりも記録が良かったりしたことが分かった。彼らの説明によると、こうした節目の年に人生について考える傾向があり、それがマッチングサイトに登録したり、マラソンで良い記録を出したりするなど、行動にも表れるということであった。つまり人は人生の節目に人生の意味を考えたり、その時期を人生のマイルストーンと考え、何か特別な行動を起こしたりすることがあるといえる。

また性格などとの関連を調べた研究では、新たなことに興味があるという開放的な傾向が高い人、またそれとは反対に不安が高い人などが、人生の意味を探す傾向があることが分かっている。[8] 他には因習を疑う傾向がある人や、嫌な出来事を頭の中で反芻してしまう傾向がある人、自己や他者との関係に満足していない人なども、人生の意味を探す傾向が強いことが見出されている。

また人生の意味と幸福感の関連について調べた過去147の研究結果をまとめた研究[9]によると、意味探求と主観的な幸福感の間に弱いながら負の相関があることが分かっている（$r=-.12$）。つまり自分の人生に満足していなかったり、負の感情をよく感じたりする人は、人生の意味を探す傾向が強いといえる。これは上記で見たように、抑うつ的な傾向のある作家が人生の意味を考えることとも呼応している。キェルケゴールやショーペンハウアーは抑うつ的な傾向があり、トルストイも人生の意味を考え始めた時には自分の人生に満足していなかった。つまり何らかの心の問題を抱えている人ほど、人生の意味を探す傾向があるといえる。

またその多くは質的な研究によることが多いが、自然災害に遭遇した人や家族を病気や事故、または人災で亡くした人、病気になった人なども、人生の意味について考えるといわれている。トラウマなどの研究では、人がこういう人生の危機的状況に遭遇した時に、それまで当然に存在していた日常が崩れてしまうことで、今まで持っていた信念や安心感が損なわれてしまうことがあると指摘されている[10]。ある程度コントロールできると思っていた事柄が、時には一瞬で失われてしまうことで、自分がそれまで保持していた世界観が揺らいでしまうと推察される。特に自然災害などは私たちがコントロールできる範囲を超えていて、自身の存在の小ささや無力さに直面してしまうことになるといえるだろう。そしてこうしたトラウマを引き起こすような事態に遭遇した際には、人生の意味を再構築したり、新たな意味を見出したりと、その先に進むために何か新たに安心感をもたらすものを見つけることが重要だとされている[10]。また時には心的外傷後成長などと呼ばれる現象があるように、その経験をもとにさらに人格的に成長することがあることも研究されている[11]。人生の危機的な状況に遭遇した経験がある人にとっては、意味の問題はその人のその後の生活に大きく関わるものだといえよう。

このように過去の研究の多くは、負の側面から人生の意味を考える傾向があることを示しているが、それ以外にも好奇心が強いことや考えることに対する認知的な欲求が高いことで、人生の意味について考えることも見出されている。[12] 人生の意味をすでに見つけたという人は、幸福感が高い傾向がある一方で、宗教や伝統的なものに価値を見出すことが多かったり、権威主義的な傾向が高かったりすることも分かっている。その一方でしばしば意味を考える人は、新しいことや文化的なことに興味があるなど開放性が高い傾向があることや、権威主義的傾向が低かったり、考えることに対する欲求が高かったりすることも示されている。つまり私たちが時に宇宙の始まりについて思いを巡らせたり、世界の未来の行く末について考えてみたりすることがあるように、好奇心から人生の意味について考える場合もあるだろう。

デカルトが我思う故に我ありと言ったように、私たち人間は善き悪しきにかかわらず、考える傾向がある。ふと自分の人生について考えてしまうことはよくあることだ。英語のmeaningの語源を探ると、「言葉で伝えようとすること」などの意味に辿り着くが、動詞のmean「意味する」の語源を探ると、ドイツ語やオランダ語などの「考える」や「意見のある」といった意味に辿り着く。つまり意味という言葉には「考える」という要素が含まれていることが分かる。人生の意味を考えることは、人にとっては自然な現象だろう。しかしながら現代は多くの人が日々の生活で忙しく、自分の人生を振り返ったりする時間がないことも多い。そのために人生の意味の問題が手つかずになって、危機が訪れたり、人生の終盤になるまで振り返ったりしないこともあるだろう。もし一度でも人生の意味の問題が頭をよぎったことがある人は、一度立ち止まってこの問題について真剣に考えてみると良いのではないだろうか。人生の意味について考えることによって自分にとって一番大切なことが分かるかもしれないし、何か問題が起きた時に自分の価値観、世界観を見失ったりしないで済むかもしれないからだ。

第2章　人生の意味の定義

哲学における議論

第1章でトルストイやカミュについて触れたが、近代に入るまで、哲学においては人生の意味について重要な、もしくは系統的な議論はされてこなかった。それは一つには、人生の意味という問いが漠然としていることに起因している。[1] まずこの問いの核となっている「人生／Life」というのが何を指しているのかが明確ではないことが挙げられる。つまりここでいう人生が、その問いを発している個人の人生なのか、または人の人生に普遍的な意味があることが問われているかがはっきりしないのだ。

オブライエン[2]によると、人生の意味という言葉が最初に英語で使われたのは1934年のトーマス・カーライルの著作においてで、カーライルは人生の意味とは自由そのものである、と述べている。[3] そしてこれ以降、人生の意味というフレーズが数々の著作で頻繁に用いられるようになった。また形容詞の〝meaningful（意味のある／有意義な）〟は1852年になって、名詞の“meaningfulness（有意義）”は1904年になってようやく見られるようになった、とオブライエンは指摘している。またメッツ[4]によると、人生の意味の問題はアメリカやオーストラリアの哲学界では1980年代になってようやく一つの分野として確立されることになったとしている。これらの背景を考えると、皆が納得する形で人生の意味の問いを統一的に定義することの難しさが分かる。そしてもし問いが明確にされたとしても、どのような答えがその問いを満足させることができるのかはさらに難しい問題である。たとえば人生の意味を見つけ出す際に、問いを発している本人が主観的に見つけ出すものなのか、あるいは一般的に誰もが認めうるような客観的な基準が存在するのかなど、哲学の分野でも様々な問題が議論されている。ここでは哲学がどのように人生の意味を議論してきたのかをまず初めに見ていこう。

絶対的な意味か、個人的な意味か

意味があると考える時には、対象となるものが問題となる。上述したように、意味について考えている個人だけが対象となっているのか、それとも普遍的に誰にも認められる形で人間一般の人生に意味が存在するのか、この違いによって人生の問いの意味は大きく変わってくる。

トルストイや多くの人が直面した問題の一つは、いずれなくなってしまうものに意味などあるのかというものだった。いずれなくなってしまう富や財産、感情、そして究極のものとしては自分の命に意味などあるのだろうかと考えてしまうのだ。そして自分の存在など、世界または宇宙に対しては小さな存在で取るに足らないものとして感じてしまうのだ。このように自分の存在を大きな枠組みの中で考えると無力に感じ、自分という存在には意味はないという思いに至ってしまう。つまり意味を絶対的、普遍的なものとして考えると、自分の存在に意味などないと考え、ニヒリズムに陥ってしまう可能性があるといえる。

人生の意味を英語の表現で考えると、meaning of lifeとmeaning in lifeという違いがある。meaning of lifeで考えると、人生「の」意味となり、私たちが生きていることに意味があるのか、また私たちの存在に意味があるのかというように、普遍的な立場でこの問題を捉えることになる。一方で、meaning in lifeで考えた場合には、人生「における」意味となり、どのようにして人生の中で意味を感じるのかというように、個人的な人生の意味に焦点が向かっているといえる。心理学の実証的研究では、ほぼmeaning in lifeの表現を使って研究が行われている。つまりそれぞれの個人的な人生の意味に焦点が当てられ、個人が自身の人生において意味を感じているかが問題とされていて、普遍的な人生の意味が問われているわけではないことがほとんどである。反対に、哲学ではmeaning of lifeという表現が用いられることが多く、人間存在の普遍的な意味が問われている。

ここでは哲学での議論に焦点を当てているので、まず初めに絶対的、普遍的な意味について考えてみよう。ここで避けて通れない問題となるのが、生命には限りがあるということだ。もしある人が意味、意義のある人生を送っていて、周りの人にも影響力を持っていたとして、その人が亡くなってしまった時に、そこにあった意味や意義というのは消えてしまうのだろうか。もし周りの人がその人の意味を受け止めて、その影響力がその人たちに残っている間は、亡くなった人の意味は残っているといえるのだろうか。そしてその影響を受けていた人たちも亡くなってしまった後は、その意味も一緒に消えてしまうのだろうか。

この問題はとても興味深く、そして重要な問題を含んでいる。もしこのように未来に誰かが次々と存在することに依存しなければならないとしたら、絶対的な意味は存在しないことになってしまうだろう。宇宙がずっと存在し続けるとは考えられていないからだ。また他にこのことに関係してくるのが、人生に意味はあるのかないのか、また人の行為は善か悪かなど、私たちが二元論的に物事を考える傾向があることだ。程度として捉えて数量化したり、状況に依存したりしていると考えるよりも、このように二元論的に捉えた方が理解しやすいからだ。

ある時はその人の人生に意味があり、またある時はなくなってしまうという考えでは、多くの人は混乱してしまうだろう。しかし実際には人間に関わるほとんどの現象は、たとえば感情が高まったり収まったり、幸福感を感じたり、それが失われてしまったりと、変動することが多い。誰かが四六時中幸せであったり、またはずっと悲しんでいたりするというのは現実的ではない。しかし人生の意味ということを考える時、ここで鍵になるのは「意味」という言葉だ。このように簡単に変化してしまっては困ったことになる。たとえば物事の意味が簡単に変わってしまったとしたら、その物事は固定した一つの概念としては存在しなくなってしまう。もし

「学校」というものを指している言葉が意味をすぐに変えてしまったとしたら、その言葉や概念には意味がなくなってしまうだろう。

しかし私たちが人生の意味という問いを持つ時には、人生というものの定義を訊いているわけではない。どちらかといえばmeaningfulnessといった言葉で表現されるような、人生の意義深さ、もしくは自分はなぜ、もしくは何のために生きているのだろうかといった問いである。このように考えた場合には、人生の意味にはある一定の変化があっても良いだろう。自分の目標に沿った活動をしている際には、人はより意味や意義を感じ、それと全く関係のないことをしている場合には、人生に意味を感じないだろう。つまり人の心の現象と捉える場合には、ある程度の変動があると考えても問題ないだろう。一方で、もし昨日意味を感じていて、今日になったらそれを失ってしまい、また明日になるとそれが変化してしまうと考えると、それは「人生」の意味とは違った現象だともいえる。よく気候変動の問題を扱う際に、天気と気候の違いについて触れられるが、冬に特に寒い日があるからといって温暖化が進んでいないというわけではなく、気候は天気とは違って、もう少し長い期間を通じた現象のことを指している。つまりある一定の期間存続するものでなければ、「人生」の意味として考えるレベルのものではないだろう。日々の充実感と、もう少し長い期間で考える人生の意味では違う問題を取り扱っていることになる。こう考えると、ある種の持続性や一定性といったものが、人生の意味を考える際には必要なことだ。

ではもう一度元の議論に戻って、一度存在した意味がその対象となっていた人がいなくなることによってなくなってしまうのかという問題についてはどうだろうか。この問題に答えるためには、さらに多くの事柄を考えなくてはならない。たとえば、意味というのは主観的に捉えることができるのか、もしくは客観的に捕捉されなくては意味というのは存在しないのか。また人生の意味が何を指しているのかをしっかり定義しない限り、一度存在した意味がそれだけで意味があるといえるのかという問いについては答えることができない。このように意味を絶対的なもの、または個人的なものとして捉えるという問題は難しい要素を多く含んでいるので、他の問題を検討した後にまた考えてみよう。

意味は主観的か客観的か

ここでは哲学の議論で、主観主義と客観主義の違いがどのように意味の捉え方に反映されているかを見ていく。まず主観主義の立場で人生の意味を考えると、本人が強く望んだものを得る時や、目標としていたゴールを達成する時、または自分が大切だと思うことに関わっている時などに、人は人生に意味があると感じるといえる。この立場をサポートする一つの根拠としては、人生の意味とは人の心とは独立して客観的に存在するものとは考えづらいということだ。何かの物事や行為に対して、その重要性や意味をその人が認めることができないとしたら、それらのことに意味が見出されることはないだろう。意味は、その重要さに気づく人がいて初めて生まれるものだが、それが個人の意味であったとしたら、その意味に気づくのはその本人自身であるべきだろう。人がもし自分が重要だと認めないことをしている時には、そのことには意味があるとは考えない。主観主義者にとっては、人がその人の特性にあった本質的なことをしている時、また自分が大事だと思っていることをしている時に、意味や意義が生じる。つまり個人的な意味というのは、個人が自分で大切だと思う何かを持っていたり実行していたりして、次の日の朝もまた起きて何かをしようという気にさせるものである。日本語で考えるならば、生きがいと言い換えられるかもしれない。このように、主観主義者の視点で見るならば、本人にとっての意味というものが重要になってくる。

では哲学における客観主義者にとっては、人生の意味の問題はどのようなものになるのだろうか。まず客観主義者は主観的に重要だということで意味が生まれるという主張に対しては懐疑的である。これは有名な議論であるが、ウォルフ[5]は、ある人が唾を遠くへ飛ばす腕前を上げようと躍起になっていたとして、そのことにどれだけの意味があるのかということに疑問を呈している。つまり本人がどれだけ主観的に唾を遠くに飛ばす技術が大切だと思っていたとしても、それだけで人生の意味が高まるとはいえないと客観主義者は考えているのだ。

客観主義者は主観的な条件だけでは人生に意味を与えるのには十分ではなく、ある種の行動や目標が他のものより客観的に価値のあるものだとされるような基準が必要だとしている。たとえば他の人のためにも役立つというように、共有された価値のある事柄がより人生に意味を与えると考えられる。さらには客観的自然主義という立場では、主観的に価値があるというだけではなく、何らかの物質的、客観的に価値づけられるような意味が存在すると考えている。たとえばその人が持っている価値やその人が実行していることが他の人にも価値があることによって、客観的に意味がある存在として捉えられると考えられる。マザー・テレサは彼女の持っている善的なものや社会に奉仕しているということの価値によって、彼女の人生はより意義深いものだと考えられるだろう。しかしながら、ある存在が普遍的に他の人やものにたいして意味のあるものだというのはなかなか難しいことだ。仮にマザー・テレサのように多くの人を助けたとしても、その存在がすべての人に等しく価値のあるものだと捉えることは難しいだろう。その立場や関係性によって、マザー・テレサの価値もある程度変わってくる。

このことは上述した意味を絶対的なものとして捉える考え方と関わってくる。たとえばマザー・テレサのしていることは、唾を飛ばす腕前を挙げることに比べれば、多くの人にとってはより意味のあるものだと考えられるが、その唾を飛ばすことに躍起になっている人にとっては、その自分の行いの方が意味のあるものかもしれない。誰かの存在や行いが等価に、そして絶対的に意味のあるものだと証明することは厄介な問題なのだ。それぞれの人にとって、同じことが重要であるわけではないからだ。

そこで客観主義のアキレス腱となる相対性の問題を解消する一つの視点となるのが、宗教、神の存在である、とメッツ[4]は指摘している。つまり神は絶対的で無限の存在であり、神の教えに沿った生き方をすることによって、人生に相対的ではない意味が付与される。もし人が家族の存在で自分の人生に意味があると考えると、その意味は家族の存在に依存している。しかしその家族の存在の意味は、何によるのだろうか。その家族の意味も結局のところ他の何かに依存しなくてはならない。自分が仕事をしていることに意味を見出している人は、どのようにしてその仕事に意味があると判断するのであろうか。同僚が評価してくれる仕事の質によるのか、顧客が満足してくれることに依存するのか、仕事によって生じる意味も他者に依存しているといえる。つまり絶対的な存在なくしては人生の意味はどこまで行っても相対的であって、最終的には意味の根源となる絶対的な存在が必要となってしまう。このように客観主義者の間では、絶対的な存在である神なくしては、客観的な意味は存在しないという議論もなされている。トルストイが宗教への不信から意味の喪失に陥ったように、近代の哲学者が人生の意味について考察し始めたことには、絶対的な存在であった宗教への信頼の揺らぎが関係していると考えられる。そして宗教や伝統的なしきたりの束縛がさらに弱くなっている現代社会では、その傾向はさらに強まっていると考えて良い。

他の立場としては、主観的もしくは客観的視点の両方が人生の意味を考える上で重要だと考える哲学者もいる。ウォルフはその代表的な哲学者で、意味は主観的に惹きつけられるものが客観的に人を惹きつけるものと出会う時に生まれる、と述べている。[6] この立場では、たとえ本人が信じているものや満足していることがあったとしても、その行為に対する価値が他者によって認められないとしたら、そこには意味は生じない。先の例でいうと、唾を遠くへ飛ばす腕前は、ほとんどの場合に他者にとって価値のあることとは思われないので、そこに意味は生じない。またそれが本当に価値のある企図だったとしても、もし本人がそのことを重要だと思っていなかったり、満足していなかったりしたら、そこには意味は生じないといえる。つまり主観的、客観的両方の価値づけが人生の意味を考える時には大切であると考えるのがこの立場である。

この折衷案の他の視点としては、主観的な意味づけは人生に意味を与える上で必要条件ではないが、他者に価値のあることをしている人がそのことを主観的にも重要だと思うことによって、人生の意味は増強されると考える。つまりより多くの人に価値のあることを、その個人が重要だと思い、プライドを持って行っているとしたら、その人が持つ人生の意味はより大きなものになるといえる。

このように哲学においては、人生の意味は主観的なものか客観的なものかというのは大きな問題であり、このことは心理学の研究でも重要な要素となっている。そして宗教の存在を絶対的なものとして認めない限り、人生の意味は主観的、客観的どちらの視点をとるにせよ、相対的な問題であることは否めないように思える。

ニヒリズム

では最後に、哲学の視点からニヒリズムへと至る考えについて考察してみよう。客観的自然主義では、物質的なものに根差さない超自然的な存在である魂や神を否定するので、宗教への信仰心を失った時には、人生に意味があるという考えを維持するのが難しくなる。オブライエン[2]は近代に人生の意味が問われるようになった理由について、以下の要因を指摘している。科学の革命、プロテスタントの改革、そして大航海時代によって世界には多様なものの見方が存在することに気づいたこと、そしてこれらの要因によって今まで支配的だったキリスト教的な考えが、西洋では揺らぎ始めたことである。ニーチェは神の終わりを告げ、人生の意味は自由に基づくゴールへ到達することだと述べた。またサルトルもこの世に神は存在しないとし、また神のみが客観的な価値を与えることができる、としている。そしてサルトルはこの世に確かに価値は存在するが、これらを踏まえると、すべての価値は主観的なものであると述べている。つまり客観的に存在するmeaning of lifeという意味での意味を想定することは、科学の進歩や多様性によって、近代ではより難しいものになったと考えられる。

もし自然科学的に世界を見るならば、世界の事象は私たちが考えるような人生の意味とは無関係に存在しているように見える。それぞれの事象は意味というものを反芻することなく、生じ、消えていく。そして多くの事柄は物理的、化学的な法則に従っているとしても、実際の事象についてては偶然に左右されることも多い。つまり多くの地質学的事象や動植物の世界は、意味とは無関係に、多くの法則の重なりや偶然の結果によって生じていると自然科学では考えるだろう。

しかし人間は脳を大きく発達させた結果として、意識的に物事を反芻する特異な存在としてこの世の中に生まれた。カミュは、客観的には意味が存在することのないこの世界の中で戦う人間の姿をシーシュポスの神話に寓して論じた。シーシュポスは山に岩を押し上げても落下してしまうので作業を完了することができず、その行為には終わりがなく、行為自体には意味がないといえる。同じことを繰り返すだけで、その作業は何も結果をもたらさないからだ。ここで取り上げる哲学や心理学の研究では、ニヒリズムに陥ることなく、何らかの形で人生の意味を捉えようと試みているが、意味の存在を否定するようなニヒリズムに陥ってしまうことも、人生の意味を考えることの難しさを知ると理解できる。もちろんニヒリズムには、既成の価値観を排除することによって個人の強さを求めるという側面もあるので、ニヒリズムがもたらす新たな考え方を否定する必要はないといえる。ここではすべてを否定してしまうことで生じてしまう虚無感について主に考えている。

私たちが自分の存在を世界に対して取るに足らないものだと考えたり、客観的に共有されるような普遍的な価値が存在しないことを認めたり、またはスピリチュアルな存在を信じられなかったりしたら、自明の帰結としてニヒリズムに陥ることは免れないのかもしれない。しかし心理学の研究によると、多くの人が人生に意味があると感じていることが分かっている[7]。私たち人間は環境に対して単純に反応して行動する存在ではなく、考え、悩み、それぞれの意味を見出しながら、人と関わったり自身の行動を決めたりしている。そしてニヒリズムを抱えたまま生活していくことは実際にはとても困難なことであり、それ故に人は人生の意味や生きがいを見つけながら生きていくことになるのかもしれない。人生の意味についての研究についてはこれから詳しく見ていくとして、まずは心理学研究で人生の意味がどのように定義され、研究されているのかを見ていこう。

心理学における定義

心理学のアプローチと哲学のアプローチ

近年では多くの研究者が人生の意味についての実証的な研究を行っている。そして多くの研究や議論が進められる中で、人生の意味の定義についてもある一定の同意が得られつつある。[8][9]ここでは人生の意味を定義する上で核となる三つの定義の仕方を取り上げる。しかしその前に、心理学と哲学のアプローチの違いについて簡単に触れておこう。

一番大きな違いとして挙げられるのは、心理学は大学生や一般の人、またはセラピーのクライアントから得られたデータをもとに、その結論が導き出されることである。そしてただデータを収集して分析するのではなく、仮説を立ててそれを検証していくという科学の方法論に従って行われている。哲学では上記で見てきたように、それぞれの哲学者が個人的な経験、過去の論証との比較や整合性、論理を考慮に入れて考察を進め、個々の結論を出しているか、もしくは問いを投げかけている。つまり心理学では、一般的な人から得られたデータをもとに検討しているので、私たちが日々の生活の中でどのように人生の意味を考え、対処しているのかということが焦点となっている。

しかし一般的な人がどのように人生の意味を捉え、見出しているのかということを研究するだけでは、本質的な意味で人生の意味を捉えきれていないという反論があるかもしれない。たとえば人生の意味が何だか分かっていないと思っている人を対象としたり、まだ自身の人生の意味を見つけていない人を対象にしたりして得られたデータをもとにした結果が妥当なものなのかということに、疑問を持つ人もいるだろう。しかし心理学の研究では幅広い人を対象として研究をしていて、その中には人生の意味を見つけたという人もたくさんおり、その意味の内容やどんな人が人生の意味を見つけたと言っているのかを研究することによって多くのことが分かる。また意味を見つけていない人のデータがあることによって、どんな人が人生に意味を見出していないのかということについても理解できる。

つまり実証的な研究の利点は、多様な視点がデータに反映されるということである。そして哲学者や作家が考察してきた視点もそこに加わると、さらに色々な見方から人生の意味について考えることができるともいえる。そのために本書では哲学的な考察も含めて、人生の意味を検討しようと試みている。また実際に、現代の哲学においてもこれから述べる三つの定義が人生の意味の主要なものだという意見も述べられており、二つの領域で同様の見解が得られていることは、これらの定義の妥当性を高めているといえる。これから述べる定義を理解することによって、人生の意味の問題が格段に整理されると思われるので、次にこれらの定義について見ていこう。

三つの定義

近年の心理学研究では、meaning of life よりも meaning in life という表現がより多く使われ、人生において人がどのように意味を見出しているかに焦点が当てられている[10]。meaning of life で考えられるような人生自体に意味があるのか、または一般的、普遍的な意味で人生に意味はあるのか、といった問いは答えるのが難しい。そしてそれ以前に、それぞれの個人が生きていく上では、このような大きな意味の問いは、本当はあまり重要ではないのかもしれない。人が仮に自分の人生って一体何なのだろうと考える際には、自分自身の人生の意味について考えていることがほとんどで、人類や世界についてのものではない。つまり人が実際に生活していく中で人生の意味を考えるとすると、個人の人生においての意味について考える方がより重要なことだといえる。心理学の研究で人生の意味を対象にしている場合には、このようにほとんどの場合、個人としての意味ということに焦点が当てられている。以下では、まず、個人としての人生の意味が心理学でどのように捉えられ、定義されているのかを見ていこう。

一つ目の定義としては、人生の意味を人生の目的、目標といったもので捉える立場である。フランクルが人生の意味を問題にした際には、人が何を目的（purpose）として生きているのかということで、人生の意味を論じた。私たちがもし何のために生きているのかと訊かれたとすると、多くの人は大切な目標を達成することであったり、自分の生きがいを答えとして挙げたりするだろう。フランクルの有名な話として、彼がナチスの収容所に入れられていた際に多くの人を観察して発見したのは、何か目標を持っている人ほど収容所で生き残る確率が高かったことである。つまり漠然と生きるよりも、何か目標、人生の意味を持つことによって、その人の生は変わるということをフランクルは見出して、その困難を生き延びた後に、自身の実存主義心理学を確立することになった。心理学ではフランクルの『夜と霧』が出版された後の数十年間はこの見方が大きな影響力を持っていて、人生の意味を人生の目的という点で理解したり、測定したりすることが長く続いていた[11]。つまり一つ目の人生の意味の定義としてよく使われているのは、人生の意味を目標、目的で捉えることである。目標を持つことで、人はどこへ向かって進めば良いかが分かるし、何のために生きているのかと問われた場合には、その目標に向かうためであり、それが生きがいになることで人生の意味を説明することができる。フランクルは自分が与えられた使命を自覚することによって過酷な収容所での生活を生き延び、その思いを強くしたに違いない。しかしそのような過酷な経験をしていない私たちも、多かれ少なかれ日々何かしなくてはならないという思いによって前に進むことができているのかもしれない。

初期の研究では、フランクルのロゴセラピーをもとに作られた実存心理検査[12]（Purpose in Life Test）がよく使用され、その中では人生の目的に関する問題が中心的なものとして扱われていた。そして、人生に意味や目的を見出せないことは、精神的な疾患につながると考えられていた。その後、フランクルの理論をもとにした人生に対する態度を測定する質問紙[13]（Life Attitude Profile）も作成され、その中では人生の目的を持っているか、そしてそれに向かって生きているかなどの質問が問われている。またその質問紙を用いた研究では、人生の目的を持っている人ほど幸福感が高いことが見出されている。[11] このように初期の研究では、人生の目的が人生の意味を考える際に重要なものとして捉えられていた。

私たちが何のために生きているのかという問いをする時は、違った面から見れば生きていくための動機づけを探しているともいえる。トルストイはこの問いに苦しんだ時に、仕事も手につかなくなってしまった。つまり人生の意味を見つけるということは、自分を前へと進ませてくれる理由を探していることでもある。その点では、目的は自分たちを前へと進めてくれる大事な理由になるものだろう。目的やゴールについての研究の中では、ゴールや目標に向かって進むというプロセスが人生にとってとても重要なものだと指摘されている。[14] 価値のあるゴールに向かうということがなければ、人は空虚に感じたり、生活が上手くいかなかったりする。そしてこの文脈で考えられているゴールというのは人生の目的に限ったものではなく、日々の小さなゴールも含めてその大切さが指摘されている。私たちは仕事や学校、家庭で日々やり遂げるべき課題があり、それをコツコツと続けることでまた次の日へと命を繋いでいる。もしこのような動機づけが生活の中に存在していなかったとしたら、私たちは自分の生命を維持することができないだろう。

しかしこうした課題をこなしていくことで必要最低限の生活は維持することができるかもしれないが、それだけでは人生に目的を感じたり、生きがいを感じたりするには十分ではないだろう。つまりもう一つの鍵となるのは、価値のあるゴールをこなしていくということである。自分がやっていることが大切なものだと思えなければ、完了した時の達成感も低いものだろうし、また短い時間の中で行われる課題であった場合には、人生の目的という大きな括りの中で考えられる次元のものではないかもしれない。しかしながら多くの人生の目的となるようなものは、その下位により短期的なゴールを抱えている。たとえばオリンピックに出ることがアスリートのゴールだとしたら、そこに出るまでの競技会で成功することがより身近なゴールであるし、日々の練習がさらに身近なゴールになるだろう。私たちはこうして日々の身近なゴールに関わりつつも、大きな人生の目的に同時に関わっていることになる。つまり日々の身近な課題もそれが自身の大きな目的と関連していれば、日々の生活をこなすことで生きがいを感じることができる。このように人生の意味を考える際には、人生の目的として理解することができるというのが一つ目の定義である。人生の意味を目的として捉えることによって、人生の意味とは、生きていく理由や動機を与えるという性質を持っていることが分かる。

二つ目としては、理解（comprehension; understanding）や一貫性（coherence）という点から人生の意味を定義することである。たとえば人が人生の意味を考える理由としては、自分が何のために生きているのか分からないと感じたり、自分は一体何者なのだろうと感じたりしてしまう時ではないだろうか。つまり自分自身のことや人生の目標を理解していない時に、人は人生の意味に悩むことになる。私たちは人生の意味以外の文脈で、「意味」という言葉を考える時は、おそらく対象を理解するという観点で考えている。たとえばカバンとは、何かを入れてそれを保管して持ち運ぶことができる物入れのことを指す。私たちはそういったカバンの定義を理解することによって、カバンの意味を知りその有用性を理解する。そして何がカバンで何がカバンでないかを見分けることができる。

実は人生の意味についても似たようなことがいえる。私たちは自分がどのような存在か、また何がやりたいのかを理解することによって、自分の人生の意味を知ることになる。もし自分が学力に秀でていると知ったら、その能力を生かした仕事に就くことが目標になるだろうし、もし運動能力に秀でていたらスポーツ選手になることが目的になるかもしれない。つまり自分自身をよく知ることは人生の意味や目標を見出すことにつながる。また自身のことを知ること自体が人生の意味を知ることでもあるかもしれない。多くの人は自分探しということに長い時間を費やしたり、もしくは若い時のある一定期間この問題を考えたりしたことがあるだろう。こうしてみると自分の人生を理解することは、自分の人生の意味を知ることと同義だと考えることもできる。英語ではmake senseという表現があるが、それは意味をなす、理解するということであり、making sense of my life は自分の人生を理解するということで、自分自身について分かっているということになる。たとえばある人は親がやっている商売を継ぎ、それを跡継ぎに繋ぐことが自分の人生であると理解し、それを全うすることで人生に意味があると感じることがあるかもしれない。つまり自分のやるべきことを理解することで、人生の意味を知ることになると考えるのがこの立場である。

そしてこの二つ目の定義のもう一つの重要な側面が一貫性（coherence）である。このことは、実は理解をするということと密接に関連している。もし私たちの性格が日々ころころ変わったとしたら、きっと私たちは自分がどんな人物なのかということを理解できないだろう。個々の性格にはある程度の一貫性があり、他の人とある程度固定的な違いがあることによって性格と呼ばれるものが生まれる。つまり一貫性があることによって私たちはある一定の傾向を備えているといえる。たとえば外向的な人は、他の人よりも人と接することが好きだったりお話好きだったりするという一定の傾向がある。もちろん人と関わりたくないと思う時もあるだろうが、他の人よりも多くの場合において外向的な側面を持っていることで、ある程度の一貫性がある。これは人生を考える点でも同様のことがいえる。日々の生活が安定していなかったり、目標がころころ変わってしまったりしていては、自分の人生について理解することは難しい。つまり私たちはある種の一貫性を見出すことによって自身のことを理解したり、人生の意味を理解したりしているといえる[7]。

そして人生の意味を理解したいと思う傾向は、私たちが一貫性や安定性を求める一般的な傾向とも関連している。自己確証理論[15]（Self-verification theory）では、人は自身が関わる事象を理解したいという欲求があったり、それらのことが自分の信念や経験とある程度の一貫性があることを求めたりする傾向があるとしている。つまり自分を外向的だと思っている人は、周りの人が外向的で楽しい人だと思ってくれることを望み、自分の周りにある種の一貫性を築くためにそう思ってくれない人とは付き合わないかもしれない。またすでにこのことには触れたが、人生でトラウマを経験した人は今まで当然のように存在していた日常が崩れてしまったと考えて、その一貫して安定していた日常を取り戻すことが心の平穏を取り戻すための課題になったりする[16]。またアントノフスキー[17]は首尾一貫感覚（sense of coherence）もしくはストレス対処力とも呼ばれる概念で、自分の周りで起きていることを理解できること、そしてそこに一貫性があるという感覚を持って意味を認められることが、ストレスに対応するのに重要だと考えて彼の理論を展開している。この理論をもとに日本でも看護の分野などで数多くの研究がなされていて、生活に一貫性を感じられることが健康やストレスに対処することに重要だということが分かっている。また意味維持理論[18]（meaning maintenance model）によると、人は世界にはある程度の一貫性があり、そのことを理解しているという感覚を持つことが人の基本的なモチベーションとして存在していて、もしその感覚が失われてしまったとしたら、人は何らかの方法を用いて安定した世界観を取り戻そうとするといわれている。たとえば友達と何かの問題で関係が崩れてしまい、そこにあった安定した意味が壊れてしまったとしたら、人は他のことでその意味を補填しようとする。つまり仕事にさらに力を入れることによって他の意味を構築しようとしたり、新しい趣味を作って違った仲間を作ったりするなど、何か他に意味を見出すことによって安定していた時の感覚を取り戻そうとすると考えられている。

このように人には一貫性や安定性を求める傾向があり、人生の意味を求める動機の一つは、私たちの根底にある人生を理解したいという傾向にあるのかもしれない。この点を考慮すると、人生の意味を理解や一貫性という視点から捉えることは、人生の意味とは何かということを定義することに関わるだけではなく、私たちがなぜ人生の意味を考えるのかということに関しても何らかの答えを与えてくれそうだ。私たちには周りのことを理解したいという基本的な欲求があり、それが自身についてのことだったり、自分の人生に関わることだったりしたら、なおさら根本的な問題といえるのだろう。

そして三つ目としては、意味を重要さや意義深さ（significance; mattering）、そして価値などによって捉えるものである。つまりその人の人生に価値があり、重要だと感じた時に人生に意味を見出すことができるというものだ。英語では、worth livingといった表現で考えられるように、人生とは生きるのに値するものだという点で人生の意味を捉えることができる。
人生の意味の研究では、今までこの側面にはあまり焦点が当てられてこなかったが、近年では意義深さといった点での人生の意味の重要さがより多く取り上げられている。[19]そしてこの問題は人生の意味は主観的なものか客観的なものかという問題に大きく関わってくる。上記で考察したように、私たちの存在は残念ながら客観的絶対的には、それほど世界に対しては重要なものではないのかもしれない。どれだけ重要な人物が亡くなったとしても、世界が失われてしまうことはないだろうし、多くの人にとっては同じ日常が続いていく。そしてもし相対的に考えたとしても、私たちが持つ影響というのは限定的で短期的なものだ。私たちが関わった人たちもいずれこの世からいなくなってしまうとすると、永続的に存在する意味というものを考えることはかなり難しい。アリストテレスや孔子など過去の思想家は、現代人にも影響を与えていると考えることもできるが、そうした影響ですら地球や宇宙の年齢を考えると短いものであり、それが永久に続くという保証はどこにもない。そしてそれらのことを考慮すると、私たちの存在の影響とはもっと限定的で短期的なものであると考えられる。つまり私たちの存在の意義という点で考えた場合には、それは主観的なものであり、また周りの人によって承認されるようなものであったり、身近な人にとって重要なものであったりする種類のものだ。私たちの意義や重要さは、それを認識する人があって初めて生じるものでもある。[20]
哲学の項でも議論したように、人生の意味はかなり主観的な側面を持っている。たとえば人間は自分の価値を強調したり誇張したりする傾向があることを数多くの研究が証明している。[8]
心理学の研究では自尊感情の大切さが一つの大きな研究課題になっていて、特にアメリカでは自尊心が生活していく上で様々な点に影響があることが知られている。たとえば自尊感情が強いことによって、課題のパフォーマンスが高くなったり、新しいことに挑戦する意欲が上がったり、死の恐怖を和らげたりすることができるなど、自身の価値を見出すことは多くの面で有用だと考えられている。また比較文化の研究も数多く行われていて、日本を含む東アジアでは自己を過大評価する傾向や、自尊感情の持つ重要さが欧米と比較すると低いと指摘されている。[21] たとえばアメリカ人の場合には、自分が上手くできているというフィードバックをもらった時に、その課題を持続する傾向があるのに対し、日本人は自分が上手くできていないというフィードバックをもらった時にその課題を継続する傾向がある。つまり日本人を含む東アジアでは、自分が苦手だと思われるようなことを努力して克服していくことに重点が置かれているといえる。また日本人はより他者との関係性に重きを置いているので、対人関係の中に幸福感を見出す傾向があることも指摘されている。[22] これらのことを考えると、日本を含む東アジアでは、自身の重要さを認識することにおいても、他者との関係によって見出すことがあるのかもしれない。

主観的な存在の意義

さて人生の意味には主観的な側面が大きいことについて議論したが、そのことは自身の客観的な意義を主観的に見出していることにも表れている。ジョージとパーク[8]は自身が作成した質問紙の結果で、以下のことに触れている。この質問紙の中には、「自分の人生が存在したことは大きな宇宙の中でも意味があることだ」や「自分が存在したことは千年後にも意味がある」という項目があり、これらの質問に対して回答者は7段階の評定尺度を使って答えるようになっている。そしてその結果の中で、それぞれの項目の平均値を見ると、4・68と4・45であったと彼らは述べている。7段階尺度の中間点が4であることを考えると、それよりも高い割合で調査の参加者はこれらの項目に同意していることが分かる。つまり実際に千年後にも私たちの存在が何らかの意味を残しているかは定かではないが、私たちの多くはそう思いたいと考えていることがこの結果には表れている。別の形で言うと、私たちは主観的に自分がこの世に何らかの意味をもたらしていると考えることで、人生の意味を見出しているといえるかもしれない。

実際に私たちの存在が大きな宇宙の中で意味を持っているのかということに関して客観的に測定することは難しいが、多くの人は少なくとも主観的に、世界での自分の存在の意味を認めている。私たち個人の世界への影響は少ないかもしれないが、人間総体としては地球に与えている影響は大きいものだ。この回答結果は私たちが主観的に、私たちの存在の意義深さを感じていることを示している。

以下の章では、人が実際にどんなことによって人生の意味を感じているのかという研究について触れるが、その結果を見ると、私たち個人はもっと限定的なスケールにおいて他者との人間関係に意味を見出している。つまり世界規模での自分の存在の意義というものではなく、自分が身近な他者に何らかの意味があったり、またその人たちが自分の人生の中で大切な存在であったりすることが人生に意味を与えている、と考えていることが、多くの研究結果から分かっている。これらの研究結果については、次の章で詳しく見ていく。

この章で見てきたように、ここで触れた三つの定義は心理学者がどのように人生の意味を捉えているかを上手く要約している。私たちは人生に目的があることや、自分の人生を理解したり、その中に一貫性を見出したり、また自分の存在や自分の人生の中に重要な、そして意義深いものがあると感じた時に人生に意味を見出すと定義できる。今後の研究によって新たなものが加えられるかもしれないが、現時点ではこの三点が人生の意味を定義する際に主要なものとされている。

後でも述べるが、この三点が同時に存在しているとしたら、その人が持つ人生の意味はより確かなものになるであろう。もし自分の持っている目標が一貫していて、そしてその目標や自分自身について深く理解していて、またその目標を重要だと思ったり自分や他者の存在を大切だと感じていたりしたら、その人が持つ人生の意味はより確かなものといえるだろう。そしてその他に重要な点は、他にその人の存在の意味を認識する誰かがいることであり、その時自分の人生に客観的な意味が生まれるといえる。哲学の項でも議論したが、主観的なものに客観性が加えられた時に、それはさらに確固とした意味になる。個人の持っている目標が、その他の人にも意義深いものであるとしたら、その意味は簡単には消えないものだろう。

第3章　人生の意味の源――人は何に意味を見出すのか

さて、今まで人生の意味の定義や哲学における議論を中心に人生の意味について見てきたが、この章では最近の心理学研究で人生の意味についてどのようなことが分かっているのかを取り上げる。

前章でも触れたが、心理学研究では大学生や一般の人、トラウマが生じるような危機的状況を経験した人など、幅広い人を対象にデータが取られている。つまりそれらの人を対象とすることで、人生の意味についてよく考えている人や訊かれなければ全く考えたことがない人も含めて、人が一般的に人生の意味についてどう捉えているのかを知ることができる。つまりここで得られる視点は、哲学や心理学を専門にしている人の考えだけをもとにしているのではなく、実際に一般の人が人生の意味をどのように捉えているかをもとにしている。このように多様な視点を知ることで、人生の意味をより一般的な形で理解することができるだろう。近年では色々な形で、人生の意味に関する数々の実証的研究がなされているが、まず初めに、どれだけの人が人生に意味を見出しているのかというところから見ていこう。

人生に意味はあるか

人生にはたして意味はあるのか？　この大きな問いに対しては、一つの研究で答えを出すことは不可能なことだ。そこで有効となるアプローチは、人生の意味を対象とした研究の結果をできるだけ多く集めることである。しかしすべての研究で同じように人生の意味について訊いているわけではないので、その結果を一般化する際には注意が必要になってくる。

ハインツェルマンとキング[1]は過去の研究をレビューして、どれだけの人が人生に意味を見出しているかを統計的に検討している。そして彼女たちが導き出した結論は、多くの人が人生に意味を見出しているというものであった。彼女たちの論文の題名はまさしく、「人生は非常に意味のある（意義深い）ものだ（Life is pretty meaningful）」というものだった。まず初めにその証拠として挙げられているのは、国際的またはアメリカ国内で広く行われた過去の大規模な調査結果を検討した結果だった。大石とディーナー[2]はギャラップが行った調査データをもとに、人がどれだけ人生に意味を見出しているのかについての国際比較を行っている。この調査では132か国にわたり13万人以上の人に、人生に重要な目的や意味があると感じているかを訊いている。その結果によると、91パーセントの人がその質問に、「はい」と答えていることが分かった。またアメリカ国内の調査では、ジャスターとスーズマン[3]が50歳以上のアメリカ人を対象とした老齢化と健康の調査データをもとに人生の意味について検討している。その調査の中では一つ目の質問として、過去12カ月の間に人生に意味はあると感じたことはあるかと訊いていて、95パーセントの人がその質問に「はい」と答えている。また同じ調査で、人生に十分な目的がないと感じたことがあるかという質問には、84パーセントの人が「いいえ」と答えている。つまりシンプルに人生の意味を問われた場合には、多くの人が人生の意味を感じたことがあると答えていることが分かる。

また心理学の調査では、あるかないかの二択の質問ではなく、どの程度そのことを感じたり経験したりしたことがあるかを訊くのが常である。ハインツェルマンとキングはそういった研究の結果についても触れている。ベイラー大学が行った1600人以上の人を対象にした宗教に関する調査の一部で、自分の人生には真の目的があるかという質問が5段階評定で訊ねられている。その結果ではわずか1・1パーセントの人が1段階目の「非常に同意しない」を選択しているだけで、9・1パーセントの人が「同意しない」を、6・1パーセントの人が「分からない」を選択し、54・9パーセントの人が「同意する」を、そして28・7パーセントの人が5段階目の「非常に同意する」を選択していた。つまり83パーセント以上の人が人生に意味があると感じているという結果を得ている。また「アメリカ人の変わりゆく生活の調査」[4][5]（Americans' Changing Survey）では、「人生の指針と目的があると感じている」と「自分の人生に意味があるのか分からない」といった質問を1600人以上の人に4段階評定で質問している。二つ目の質問は反転項目で、それに同意しない場合に人生に意味があると感じていると評価される。心理学の研究では、人が訊かれた質問に対して単純に同意するという傾向があるので、その影響を抑えるためにこのように反転した項目がよく用いられる。一つ目の質問の平均値は3・50（標準偏差＝0.76）で、反転した後の二つ目の質問の平均値は3・44（標準偏差＝0.86）であった。この質問が4段階評定であったことを考えると、かなり多くの人が人生に意味があると感じていることが分かる。

これらの調査の利点は多くの人が対象にされていることで、より多様なデータが得られることである。しかしその反面、質問が一つであったり、その質問の妥当性が問われたりすることもある。たとえば人生の意味を定義する際に、目的、一貫性、重要さなどで人生の意味を捉えることができると述べたが、ここで取り上げた調査の多くは調査を受ける人に人生に目的があると感じているか、意味があると感じているかという質問に限定されている。一問だけでは限られた範囲の意味しか捉えることができず、これだけでは私たちが考える人生の意味をすべて把握しているとは言い切れない。また心理学の研究では似たような質問を繰り返すことによって、そこで得られるデータがより信頼できるものになると考えられている。ハインツェルマンとキングもこの点を指摘していて、複数の項目がある標準化された質問紙によって得られた結果についてもレビューし、それらの結果についても多くの人が人生に意味を感じている根拠として挙げている。

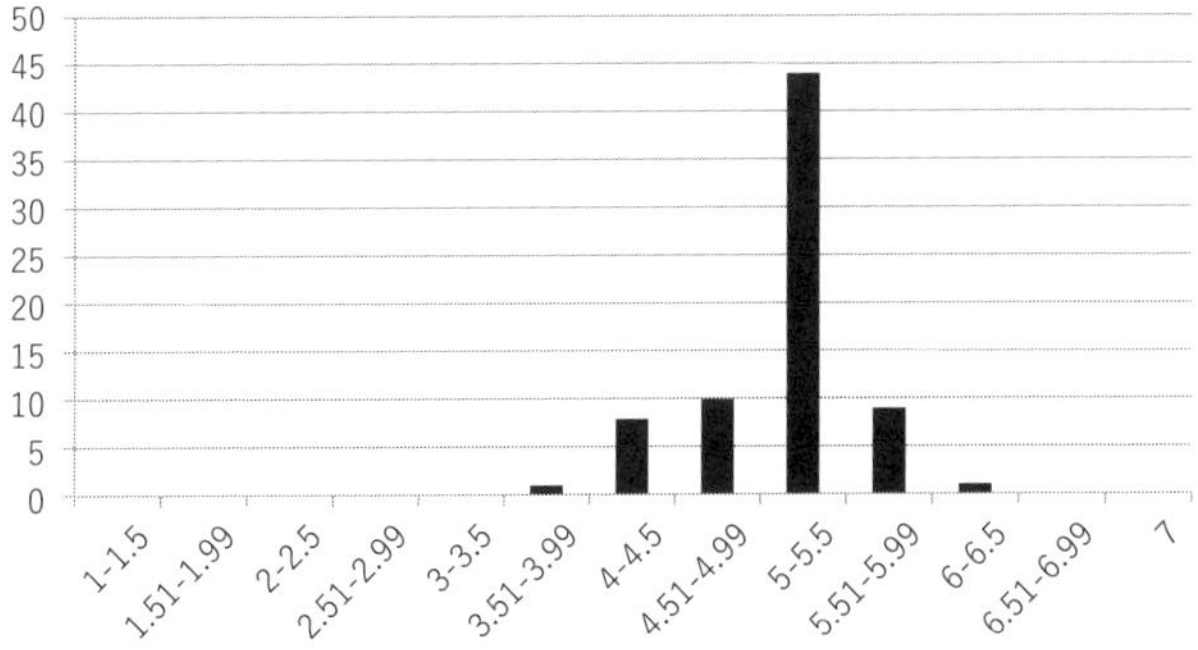

図1　実存心理検査の平均値（Heintzelman & King, 2014）

先に述べた、フランクルの理論をもとにして作成された実存心理検査[6]（Purpose-in-life）は20項目からなっていて、7段階で評定が行われている。ハインツェルマンとキングはこのテストを使った33の論文から73の平均値を算出している（図1）。それらの研究では全体で8069人のデータがあり、そのサンプルから得られた結果をもとに5・14の平均値（標準偏差＝0.39）が見出されている。7段階評定の中央値が4であることを考えると、ここで得られた平均も全体的に人は人生に意味を見出していることを示唆している。図を見るとほとんどの平均値が5から5・5の間であることが分かるが、中には4以下の平均値だった研究結果があることも分かる。これらの結果のサンプルの特徴を見ると、大学生の平均値が5・40（標準偏差＝0.17）で、成人のサンプルでは平均値は5・12（標準偏差＝0.11）、60歳以上の老年期のサンプルに限ると平均値は5・39（標準偏差＝0.18）であった。

またハインツェルマンとキングは薬物中毒や精神的、身体的な病気のある人、障害のある人を対象にした研究から得られた結果の平均値も算出していて、その値は４・78（標準偏差＝0.34）であった。他の平常な状態にある人と比べるとその値は低くはなっているが、それでも７段階評定の中央値の４より高い値になっており、生活に困難を抱えている人でも人生に意味を見出していることが分かっている。

他によく使われている質問紙としてはスティーガーら[7]によって開発された人生の意味質問紙（Meaning in Life Questionnaire：MLQ）がある。この質問紙には二つの下位尺度があり、一つは「人生の意味を理解している」などの項目からなる意味保有（presence）と、「人生の意味を探している」などといった項目からなる意味探求（search）がある。それぞれの下位尺度には５項目ずつあり、７段階で評定が行われている。ここではどれだけの人が人生に意味を見出しているかということを問題にしているので、意味保有の得点だけを見ていく。ハインツェルマンとキングはこの質問紙を用いた62の研究をレビューしており、２７６３５人のデータをもとに１２２の平均値を算出している。その値は４・56（標準偏差＝0.59）で、これも質問紙の中央値である４よりも高い値になっている。またサンプルの特徴ごとに見ると、大学生の平均値は４・70（標準偏差＝0.46）で、成人のサンプルのデータでは平均値は４・86（標準偏差＝0.43）であった。平均値の差は小さいようだが、統計的な検定によるとその差は有意であり、成人の方が大学生よりも人生の意味を見出していることが分かっている。大学生はまだ自分のキャリアや目的を定めていない人もいるために、少し意味保有の得点が低くなっていると考えられる。

また、薬物中毒者や病気を持った人など人生が困難な状況にある人を対象にした研究についても平均値を算出していて、得られた値は4・80（標準偏差＝0.54）と、他のサンプルとほとんど変わらない値であった。つまり人生の意味質問紙の結果でも、実存心理検査の得点よりは低い値ではあったが、尺度の中央値よりも高い値が得られたことが示され、一般的に人は人生に意味を見出しているということが分かる。

これら標準化された質問紙の結果は1、2項目のみからなる大規模な調査よりも人生の意味を認める割合が若干低くはなっていたが、平均値は尺度の中央値よりも高い値を示し、多くの人が人生の意味を見出しているという、ハインツェルマンとキングの主張をサポートするものであった。こうした標準化された質問紙を用いた研究の利点は、一つの項目だけで訊かれるよりもその時の気分などに左右される確率が低く、再現性の高い信頼性のある結果が得られることである。しかしながらこれらの調査では、質問項目も多くなり、より時間がかかるために、大規模な調査には不向きで、対象となるサンプルがより偏ったものになるという欠点もある。ハインツェルマンとキングはそれを補完するために、質問項目が一つだけで、信頼性が疑われるような結果だったとしても、こうした大規模な調査の結果も報告をしている。そしてこれら違ったタイプの研究のどちらでも、人は人生に意味を見出しているという結果を得ている。そして実際に困難に直面したサンプルを用いた研究でさえも、尺度の中央値よりも高い平均値を示していた。これらの結果を踏まえると、多くの人が人生に意味を見出しているという、もしくは少なくとも人生の意味を問われた時に、その質問に同意する傾向があるという結論を認めることはできるだろう。これらの結果は欧米で行われた調査が主なものであるが、ギャラップ社の世界規模の結果でも人は人生に意味を見出しているという結果が得られていることから、欧米のデータに限ったことではないことが推察される。人生に意味があると考えることは、自分たちの生活を続けていく上で大切なことなのかもしれない。ここではひとまず、多くの人が人生の意味を認める傾向があるというハインツェルマンとキングの結論を受け入れたい。

人は何に意味を見出すか

ではもう少し具体的に、人生の意味について考えてみよう。人はどこから人生の意味を見出すのか。言い換えれば人生の意味の源は何かということである。過去の研究ではインタビューなどをもとにした質的な研究によるものも多かったが、まずはこうした研究で指摘されている人生の意味について見てみよう。より理論的なものになるが、フランクル[8]は人生に意味をもたらすものとして三つを挙げている。一つ目は芸術や学術の仕事など創造的な仕事に関わること、二つ目は美や、真実、愛など経験的なもの、そして三つ目は痛みや苦悩など負の体験を通して得られるものである。クリンガー[9]の研究では、大学生に人生に意味を与えるものは何かを記述するように訊ねて得た回答をもとに、友情やレジャーの時間、仕事、宗教など14のカテゴリーに分けている。また他の研究[10]では、大学生に人生で最も意味があると思われるものを三つ挙げるように訊ねて、人間関係、人の役に立つこと、自己の成長、信念、快楽、表現すること、理解することなどの八つのカテゴリーを見出している。またレーカーとワン[11]はこれら過去の研究をレビューして、他者との関係、自己の成長、成功（達成）、利他精神（他者への奉仕）、快楽、創造性、宗教、そしてレガシー（受け継いだもの）を人生に意味をもたらす代表的なものとして挙げている。

また近年の研究では、データをもとにしたより数量的な研究も多く行われている。シュネル[12]はインタビューで得られたデータをもとに26の意味をもたらすもののカテゴリーを特定し、その結果をもとに質問紙を作成し、616人の代表的なドイツ人のサンプルからデータを得ている。表1に、使われたこれら26の意味をもたらすもののカテゴリーを示した。そしてこれらの26の意味はさらに四つの大きなカテゴリーに分けられることが分かった。それら四つのカテゴリーの中では、自己実現のみが個人に関連したもので、それ以外は宗教やスピリチュアリティ、自己を超越したもの、社会やコミュニティとの関わりや他者との調和など、他者や社会との関わりによって得られるものであった。またシュネルはこれらのカテゴリーと年齢や性別などとの関連も調べ、年齢は宗教的なものに関わる自己超越や秩序などと正の相関があり、性別では女性がスピリチュアリティや社会や他者との関連で意味を見出しているのに対し、男性は自己実現などより個人的なもので意味を見出していることが分かった。また教育年数は自己実現と

表1　26のカテゴリー（Schnell 2009 をもとに作成）

大きなカテゴリー	26のカテゴリー
縦列的な自己超越	宗教的な意味 スピリチュアリティ
水平な自己超越	社会的責任 自然との融和 自己を知ること 健康 次世代を育てること
自己実現	挑戦すること 個人的な意味 力を持つこと 成長すること 達成すること 自由 知識 創造性

大きなカテゴリー（続き）	26のカテゴリー（続き）
統制が取れていること	伝統を重んじること 実践的であること 道徳性 理性的であること
ウェルビーイングと関係性	コミュニティ 楽しむこと 愛情 心地良くあること ケア 人をいたわること 調和

正の相関が見られるのに対し、宗教的な自己超越や秩序、社会や他者との関連とは負の相関があることが分かっている。つまり男性や教育を多く受けた人ほど、自己の達成によって人生の意味を見出す傾向があることが分かっている。

またアメリカでも、大学生を対象に人生の意味の源となるものを検討した研究が行われている[13]。その中の一つ目の研究では回答者に自由に記述してもらう形で、「あなたの人生に最も意味をもたらすものとその理由を一つ挙げてください」と訊ねている。結果、68パーセントの人が家族を人生に意味をもたらすものとして回答した。そして二番目に多く挙げられたのが、友人（14パーセント）であった。そしてその次に続くのが神（8パーセント）、教育（6パーセント）、成功（4パーセント）であった。つまり近しい人間関係が最も大切な意味の源泉であることをこの研究は明らかにしている。二番目の研究では、この結果が再現されるかどうかを調べるために、家族や友人、幸せ、個人的な達成、信仰心などを含む12のリストを回答者に提示し、どれが人生に意味をもたらすかランクづけするように求めている。結果は家族が一番人生の意味に影響を与えているものとして選ばれ、二番目は幸せであった。そして三番目には友人が選ばれ、それ以外のものは第一の研究結果と似たようにランクづけされ、対人関係以外の他の要素は重要さがより低い傾向が見られた。

また他の比較文化での研究では、オーストラリアやドイツ、イタリア、南アフリカなど7か国の666名からデータを収集していて、調査参加者に自身の現在の生活の中で最も意味のあると思われることを三つ記述するように訊ねている[14]。そしてそこで得られた回答をカテゴリー別に見ると、得られた回答のうち39・9パーセントが家族を意味のあるものとするものだった。二番目に多く挙げられていたのは、仕事で15・3パーセント、三番目は人間関係で10・5パーセント、その次は健康の8・9パーセントと、個人的な成長の6・8パーセントであった。つまり国際的な調査の結果でも、家族や人間関係が主な人生の源泉であることが分かっている。

これらの結果を統合すると、シュネル[12]の研究では26の源泉が挙げられていたように、人は色々なものに人生の意味を見出すということができるが、一番共通なものとして挙げられたのは家族であった。そしてその次に多かったのが友人関係で、人生に意味をもたらすのは対人関係によるものが多かった。つまり人は多くの場合、対人関係、さらには家族など近しい関係をもとに自分の人生に意味があると感じていることが分かっている。他者との関係が人生の意味に及ぼす影響については数多くの研究がされているので、さらに詳しく見てみよう。

他者との関係について

何が人生に意味をもたらすかについては直接検討はしていないものの、他の研究でも人がどんなことで人生に意味を見出すのかということに関して示唆的な結果が示されている。これらの研究で共通に見られるのは、上記の意味の源を探った研究でも触れたように、人は他者との関係において人生の意味を見出すということである。

ランバートら[15]の研究は、家族との関係がどのように人生の意味に関連しているかをさらに詳しく調べている。たとえば家族を大切に思うことと、人生の意味を見出すことに相関関係が見られたとしても、それは他の要因によって関係があるのかもしれない。一般的に家族を大切にする人は、他者のことも大切にするかもしれないし、仕事も一生懸命こなすかもしれない。そしてそういった人は人生一般に色々なことを大切に考え、人生に意味があると考えるという可能性もある。つまり家族を大切に思うから人生に意味を見出すことができるのではなくて、色々なことに価値を置く人が家族にも人生にも重きを置くとも考えられる。このように様々な要因によって相関関係が生まれることがあるので、心理学では実験によって因果関係を調べることが重要だとされている。

ランバートらはそのために実験を行って因果関係について調べている。まず一つのグループには家族のことを考えさせるために、実験の教示によってもし家族がいなくなり、あなたとコミュニケーションをとることができなくなったとしたら、どのように感じるかということを考えさせた。そしてその後にその家族と再び会うことができたとしたらどう感じるかを書いてもらった。また他の研究では自分の家族のメンバーについて書いてもらったり、家族との一番の思い出を書いてもらったりするなどして、色々な形で家族のことについて考えてもらうようにして、家族について考えさせるような操作を行った。そしてこれらの一連の研究では統制群として、もう一つのグループに家族とは全く関係のないことを考えてもらうようにした（たとえばガソリンスタンドでガソリンの入れ方が分からない人に、どのようにガソリンの入れ方を教えるかなど）。そしてその後に今現在どれくらい人生に意味を感じているかを三項目の質問紙を用いて訊いている。

その結果、これらの一連の研究では家族のことを考えたグループの方が統制群で他のことを考えた人よりも人生の意味を感じる傾向が高いことが分かった。この研究では実験的な研究のため、元々誰が家族について多く考えるかということとは関係なく、ランダムに家族のことを考えるグループか統制群かに振り分けられている。すなわち一時的にでも家族のことを考えた後には、家族のことを考えなかった人よりも人生には意味があると感じることがこの研究では実証された。つまり人は人生の意味の源泉となるものは何かと直接訊かれた時に家族と答える傾向があるだけではなく、家族のことを一時的にでも考えると人生に意味を感じることがあるという因果関係が、この実験で実証されたことになる。

家族以外にも、友人など他者との人間関係によって人生に意味があると感じる傾向があることが分かっているが、こうした社会的な側面が人生に意味をもたらす可能性として、ランバートら[16]はグループに属していると感じることが人生に意味をもたらす可能性があることをいくつかの研究で明らかにしている。

まず彼らが行った質問紙調査の研究では、自分が属していると感じられる場所があったり多くの友人がいたりする人ほど、人生に意味を感じている傾向があることを見出している。またその他の研究ではグループに属していると感じているかをまず初めに訊いて、それから三週間後に人生の意味を感じているかを訊ねている。すると人生の意味について三週間後に訊いた場合にも、グループに属していると感じている人は人生に意味を感じているという気持ちが持続していることが分かった。このことは、グループへの所属意識と人生に意味があると感じることとの間にある程度持続した関係があることを示している。

またランバートらは実験的にもこれらの関係を調べていて、ある人たちには自身が属していると感じることのできる人やグループについて考えてもらい、属していると感じた時のことを書いてもらった。つまりグループに属しているという感情を実験的に操作していることになる。そして他の人には、自身にサポートをくれた二人の人について考えてもらい、それらの人の特徴について書いてもらった。またその他の人には、自身を最近褒めてくれた二人の人について考えてもらい、それらの人との関係について書いてもらった。つまりこの実験ではグループに属しているという感覚が人生の意味にとって重要なのか、それとも少数でも他の人と関わっていると感じることが大切なのかという違いについて検討している。そしてこの研究ではこれらの実験の操作をした後に、すべての人に今現在どれほど人生の意味を感じているかを訊いている。その結果によると、グループに属していることを考えさせられた人ほど他の統制群で違う形で人との関係を考えさせられた人より、人生の意味を強く感じている傾向が高いことが分かった。つまりただ人に助けてもらったり、褒めてもらったりするなど他人との関係について考えるだけではなく、グループに属していると感じられることが人生の意味に高い関連があることを、これらの一連の研究は示している。

また他の研究では、アメリカで行われた調査結果をもとにした大きなデータベースを用いて、社会的な人間関係と人生の意味との関連を調べている。[17] この調査では一回目のデータは1995／96年に、二回目のデータは2005／06年に収集されている。調査では社会的な関係性として、コミュニティの人に近しいと感じるかといったコミュニティへの所属意識、また（配偶者を除く）家族や友人から理解されていると感じるか、そして配偶者やパートナーがどれくらい自分のことを気にかけていてくれると感じるかといった近しい人との関係など、いくつかの項目に分けて質問している。これらの社会的な関係性に関する質問は1995／96年に行われた一度目のデータのものを使い、二回目の調査では同じ人にどれくらい人生に目的を感じているかを訊ねた質問を使っている。つまりこの研究は時系列的なデータを扱っているので、その点でも興味深い研究になっている。

この調査の結果によると、家族や友人との近さよりもコミュニティに属しているという所属意識の方が、人生に目的を強く感じる傾向に関連していることが分かった。そしてこの関係は10年前に訊かれたコミュニティへの所属意識をもとにしていることを考えると、グループへの所属意識というのはある程度安定した意味をもたらすといえるかもしれない。また彼らの二つ目の研究では、イギリスの大きな調査研究のデータを用いて、人生の意味とボランティアやコミュニティサービスなど組織的な活動にどれだけ関わったかということとの関連を調べている。この調査では、どれだけ人生に意味があると感じているか、組織的な活動にどれだけ所属しているか、また婚姻の状況など様々な質問がされている。その結果によると、人生に意味があると感じている人は、より多くのグループに所属していて、それが二年後のデータでも変わらずに多くのグループに所属していることが分かった。また最初のデータ収集時に結婚していなかった人においては、その時に人生の意味を感じていた人ほど、後のデータ収集の時に結婚している傾向が高かった。また最初のデータ収集の際にすでに結婚していた人では、その時に人生に意味を感じている人ほどそのまま婚姻関係を続けており、人生に意味を感じていなかった人はわずかではあるが、離婚している確率が高いことが分かった。

このように、他者との関わりやグループに所属することが人生に意味を与える可能性が数々の研究で証明されている。これは比較文化研究でいうと、より個人的な社会であるといわれる欧米での研究で見出されている結果である。こうした個人主義的な社会でも他者との関係性が人生の意味にとって大切であることを考えると、日本でも同様にまたはそれ以上に、他者との関係が人生の意味に対しても重要な役割を果たしているといえるかもしれない。そしてこれらの研究では家族の大切さだけではなく、職場や友人との関係であったり、自分がどこかに属していると感じていたりすることなど、他者との関係が多様な点で人生の意味に関わっていることを証明している。先に意味は主観的に見出されるものか客観的に見出されるものかという議論に触れたが、他者との関係は客観的な意味を与えるという点でも重要なものであるといえる。家族や友人が私たちのことを意味のある存在であるとして認めてくれたとしたら、私たちの存在にある程度の客観性が加えられたと見て良いだろう。この点からも、多くの人が他者との関係によって人生の意味を見出しているというのは納得のいくものである。

一貫性

人生の意味の定義の一つは、人生の意味を理解することであった。私たちは自分が何をしているのか、何のために生きているのかが分かると人生に意味があると感じると考えられる。そしてその一つの要因になるのが一貫性である。若い頃に人生の意味を見出しづらいのは、自分の目標がまだ決まっていないこともあるが、自己がまだ定まっておらず一貫していないことにもよる。たとえば成人して、仕事も決まり自分の家族もできたとしたら、生活は安定し日々のルーティンもできるだろう。そしてその日々の一貫性によってもたらされるのは、自分が何のために生きているのかという実感だったり、自分は何をして生きていくのかを分かっていることだったりする。自分が毎日朝起きてその日の営みを始めるのは仕事のためだったり、家族のためだったりするかもしれない。そしてそのことを明確に分かっていると、自分の人生に迷って悩みふさぐこともないだろうし、日々目的を持って生きていくことができるだろう。その点で自分の生活に一貫性があって、自分の生活を理解しているということは、人生の意味を知っていることにつながっているといえる。

ハインツェルマンとキング[1]は一貫性と意味に関連する過去の研究についてもレビューしていて、人生の意味を感じるには感情と認知の側面があり、認知的な面でいえば、人生の意味は情報としてその個人の人生に指針を示すような形でその人に意味をもたらすとしている。そのうちの一つの研究では一貫性とランダム性を想起させるような課題を与えて、その影響が人生の意味を感じるのにどのような影響があるのかを調べている。[18] 実験では被験者に16枚の木の写真を見せてそれぞれの写真でどの色が一番多く使われているかを訊ねた。実験群では、実は写真が季節の移り変わりに沿うような順序で木を提示するように操作していた。つまり木の提示順序によって被験者がある種のパターンを感じるように仕向けていた。しかし実験では被験者は写真の色について訊かれているだけなので、意識は写真の提示のパターンには向けられていないことになっている。一方で、もう一つのグループには16枚の木の写真に何の規則性も生まれないよう、完全にランダムに提示した。つまり被験者は木の写真を見ている間に、実験群とは反対に何の一貫性も感じないことになる。そしてこの実験では無意識に感じた一貫性がどのように人生の意味を感じることに影響があるかを調べている。

結果によると、パターンのある写真提示を受けた人の方がパターンのない写真提示を受けた人よりも、その後に評定した人生の意味の得点が高い傾向があることが分かった。実験では感情についても被験者に評定してもらっているが、パターンの有無は人生の意味の評定だけに影響していて、感情には何も影響がないことも分かっている。その後の研究でも他の刺激（言葉のコンビネーションなど）を用いて同様の実験を行っているが、ある種のパターンを持った刺激を提示された人は、ランダムな刺激を見せられた人よりもそのすぐ後に訊かれた人生の意味の評定でより高い得点を示す傾向が認められた。このように一貫性のあるイベントに一時的でも触れると、人生の意味を感じる感覚が高まることが分かっている。

またハインツェルマンとキング[19]は、他の研究でルーティン（日常の仕事、決まりきった仕事）と人生の意味の関係を調べている。彼らによると、ルーティンでは日常的に決まっていることを繰り返し行うので、一貫性の感覚が生じ、それが人生の意味を感じることにつながるとしている。彼らの一つ目の研究では、個人差としてルーティンを好む傾向を測定する質問紙と人生の意味に関する質問紙を用いて、それらに相関関係があるかを調べている。結果では、彼らの予想通りルーティンを好む傾向がある人は人生の意味を見出している傾向が高いことが分かった。つまり一貫性や安定性を志向する人は、自分の人生に意味があると思っていることが証明された。そして二つ目の研究では、大学生を対象に参加者にスマートフォンを持ち歩いてもらい、朝の九時から夜の九時までの間に一日に六回ほど連絡をして、その時にルーティンのことをしていたか、そしてその時に人生の意味を感じていたかを測定している。調査の間に２５９０種類のエピソードが集められたが、そのうちの４７０のエピソードがルーティンの活動として評定され、それらのエピソードの多くは授業に出ていたり勉強をしていたり、またはキャンパスを歩いているか通学している途中など、学生が普段やりそうな活動をしていることが多かった。結果としては、彼らが予想していたように、ルーティンに関わった活動をしている時の方がそれ以外の時よりも人生の意味を感じている傾向が高いことが分かった。

私たちは人生の意味とは特別なもので、もっと劇的な体験をした時に感じるのではないかと考えるかもしれないが、この研究では日常的に決まった出来事をしている時に、より意味を感じることが証明されている。この現象の説明としては、やはり一貫性や安定性があることによって、私たちは人生を理解しているという感覚を持ち、意味を感じる傾向につながっていると考えられる。または普段行っている活動は自分の生活の主たることなので、自身にとって重要なことであるためともいえるだろう。

では一貫性の問題を扱う最後に、上記の研究とは違った形で一貫性の重要さを見てみよう。人生の意味の定義について考えた際にアントノフスキー[20]の首尾一貫感覚という概念について触れたが、この概念を測定するために作られた質問紙は臨床の現場などで幅広く使われている。この理論では一貫性の感覚を感じることによって、物事を理解し対処できるという自信を持つことができるとされ、そのことによってストレスに上手く対処することができたり、病気の際にも精神的な健康の面で役立ったりすると考えられている。

ある研究では、がん患者を対象にこの質問紙を用いた過去の研究のデータをまとめ、首尾一貫感覚が病気の際に感じる苦悩や悲嘆に対処するのにどれほど有効かを調べている[21]。結果によると、首尾一貫感覚が高い人ほど悲嘆を感じる度合いが低いことが見出され、その傾向は年齢や性別、病気の進行具合にかかわらず一様に見られることが分かっている。つまり一貫性は人生に意味をもたらすだけではなく、精神的な健康の面でも大切であるといえるだろう。私たちが一般的に人生の意味を考える際には、一貫性やルーティンなどのことを特別に考えることはないかもしれないが、日常生活が安定しそのことを理解しているという感覚が人生の意味を生み出すのに重要な要因であることは、こうして見てくると納得のできるものといえよう。

自己、アイデンティティ

他者との関係は人生の意味にとってとても重要であるが、自己への関わり方も実は人生の意味を考える上で大切であることが分かっている。サルトルやニーチェは自身でつかみ取る人生の意味を重要視したが、それと同様に心理学でも自身で選び取ることや自己のアイデンティティの重要さについての研究が数多く行われている。上記では理解や一貫性によって意味がもたらされることについて触れたが、自己に対する理解も同様に人生に意味を与えることが分かっている。

スワン[22]は自己確証理論の中で、人は一貫性を感じるために生活で経験したことを自己と関連づけて理解しようとする傾向があると述べている。たとえばもし誰かが社交的な人間だとしたら、他の人を評価する時にその人がどれだけ社交的であるかということを重視するといったことである。そしてもしその時会話している人が社交的でないと感じたら、その会話をつまらないと感じてしまうことになるかもしれない。またある人が読書を好きだとしたら、他の人と本の話ができたらより親密になれると感じると考えられる。つまり自身の世界は自己概念によって理解されていくものであるとこの理論は説明している。そしてもし自己感が確立されていないとしたら、自身の人生の理解もなかなか進んでいかないといえるだろう。自分にとって何が重要で何が重要ではないのか分からないとしたら、自分の人生でどんなことが意味をもたらすのかは分からないだろう。その点で自己は、人生の意味を理解するのにとても重要だといえる。

また自己概念は意味の理解を進めるだけではなく、重要さという点においても意味を生み出すとされている。たとえば単純に自分に価値があると感じられるだけで、自分の人生に意味を認められるかもしれないし、自分が何か大切な仕事をしていると感じたり、他の人の役に立っていると感じたりした場合に自分の人生に意味があると感じることもあるだろう。このように自己は、理解や一貫性、重要さといったような様々な形で意味を生み出すと考えられる。

マグレガーとリトル[23]は人が持っている目的と、人生の意味や幸福感との関係について一連の研究を行っている。まず初めに彼らは、これらの概念に関わる質問紙を使って大学生を対象に調査を行った。そして調査の中で参加者に自分の人生の中で大切だと思われる活動や物事（彼らはこれらをパーソナル・プロジェクトと呼んでいる）を書いてもらい、その中で一番大事だと思われる10のプロジェクトを選んでもらった。そして人がそれらのプロジェクトにどのように関わっているかを示すものとして、以下のカテゴリーを見出している。それらは、目標を達成できるという感覚を表す効力感、プロジェクトが自己にとって有用なものかを示す自己利益、プロジェクトが楽しめているかということを示す娯楽性、プロジェクトを継続して続けようとする誠実性、そして他者からプロジェクトが受け入れられていることを示す他者からのサポートなどであった。そしてプロジェクトに人がどのように関わっているかということと幸福感や人生の意味との関係性について調べている。

結果としては、プロジェクトが上手くいっていることを示す効力感やプロジェクトを楽しんでいることは幸福感と関連している一方で、プロジェクトをあきらめずに継続する誠実性だけが人生の意味と関係していることが分かった。またプロジェクトが自分のアイデンティティに関わっていると感じている人ほど、人生に意味を感じている傾向があることも分かった。そしてマグレガーらは結果について以下のような解釈を加えている。もしプロジェクトが大変だったとしても、それを大切だと思い継続させることは、人生に意味を感じさせることにつながる。そしてそれが自身のアイデンティティに関わるものだったらなおさらであるというのだ。つまり困難なプロジェクトに立ち向かっている間は楽しいと思ったり幸せだと思ったりする感情が損なわれてしまうことがあるかもしれないが、自分が大切だと思っていることを続けることは人生に意味や目的があると感じさせることにつながるといえる。また自己を理解し、自分のアイデンティティに即した活動を続けることは、その時には苦労をしたとしても長い目で見ると大切であり、本人にとってはより根本的なことだといえるかもしれない。

シュレーゲルら[24]は、真の自分を知ることや自分に正直に行動することと人生の意味の関連についての研究を行っていて、自分が何者であるかというのを知ることは、人生の意味の核となると捉えている。たとえばフランクルは彼の実存心理学をもとにしたロゴセラピーのゴールとして、本来の目的を探すことだと考えていた。つまり自己を理解し、それに本当に見合った目的を見つけることが重要だとしている。しかし真の自分（true self）とは、大きな言葉で抽象的であり、それが何を意味しているのかつかみづらいだろう。あなたが真の自分とは何ですか、と訊かれたら、きっと答えに詰まってしまうのではないだろうか。

シュレーゲルの定義によると、真の自己とは本人が考える自身の特質を最も象徴するものを表現しているスキーマである。スキーマとはある概念を理解する際に、それに関わる事柄を関連したものとして記憶の中に貯蔵するような枠組みだといえよう。たとえば私たちが学校というスキーマを持っているとしたら、学校とは勉強するところであり、友達に会うところであるといった理解がある。また病院というスキーマの場合には、その中に医者や看護師、病気、薬などの概念が含まれている。つまり病気になった時には、病院というスキーマが自然と想起されることになり、スキーマがあることによって、私たちは病気になった際にその都度どうすれば良いか一から考えなくても済むようになっている。この関連で見ていくと、私たちは自己に対してもスキーマというものを持っているといえる。私たちは自己を認識する時に、性格や能力などによって自己を言い表すことが多い。たとえばある人は自分は親切な人間だとか、話好きだなど性格に関連した言葉で自己を表現するし、またある人は自分は足が速いとか、数学が得意であるなど能力に関連した言葉を使ったりする。そして真の自己を考えた場合には、自分に最も重要な特性や自分のことを考えた時に一番早く頭に思い浮かぶことなどが挙げられるかもしれない。

シュレーゲルらの研究では具体的に真の自己に関するものを捉えるために、どれだけ素早くまたは簡単に真の自己に関わるものにアクセスできるかという課題を使って研究を進めている。つまりもしある人が仕事や問題を解決することにアイデンティティを見出しているとしたら、物事を達成するといったことが自分らしさに関わっていて、そのことを真の自己だと思っていると考えられる。もしその人が仕事での達成といったことに重きを置いていてそれらの概念へのアクセスが早く、家族や友人といった概念へのアクセスが早くないとしたら、家族や友人との関係といったものにそれほど重点を置いていないといえる。

またこの研究では、単なる自己ではなく真の自己ということに注目しているので、その効果を示すために現実的な自己と対比させることによって、真の自己が人生の意味を感じるのに重要であることを示そうとしている。彼らの定義によると、現実的自己は公的自己と似たようなものとして捉えられていて、一般的に他者に見せるのをためらわないような自己の側面だとしている。たとえば、ある男性が本来は情緒的で喜怒哀楽を大切なものだと思っていたとしても、公的な場面ではそういった感情的な側面を見せず、冷静な側面だけを見せていたとしたら、落ち着いた自己というのは公的な自己で本来の自分ではない。そしてこの場合、情緒的な側面は家族や親しい友人の前でしか見せないような側面となる。つまりシュレーゲルは、このように近しい人にしか見せないような自己の側面を真の自己として定義している。

彼らの一つ目の研究では、60の特性を表した言葉を実験の参加者に提示し、その中から10個、真の自己（自分に親しい人にだけ見せられるもの）を表していると思われるものを選ばせている。また同様に10個の現実的な自己（自己が持つ社交的な場でも見せられるような特性）についても選んでもらっている。そして後にこれらの言葉をコンピュータの画面上でランダムに提示し、それらの言葉が自分を表していると思った場合にはあるキーを（たとえばX）、そして表していないと思った場合には違うキーを（たとえばY）をできるだけ早く押してもらうという課題をさせた。そしてそれに加えて、人生の意味をどれだけ感じているかを、先に述べた人生の意味質問紙を使って回答してもらっている。結果によると、真の自己に対して素早く自分を表しているというキーを選択できた人は、質問紙の回答で人生に意味を感じていると示す傾向が見られた。一方で、現実的な自己に関するものに素早く反応できた人は、人生の意味を感じていることとの得点とは無関係だった。つまり真の自己を早く見極められる人は、自身の人生に意味を見出しているということが分かった。このことから真の自己を知っている人が人生の意味を見出す傾向があると結論できるわけではないかもしれないが、より近しい人に見せる自分の特徴を知っている人は自分の人生に意味があると感じているという傾向があるとはいえるだろう。

では最後に、オーセンティシティ（authenticity）という概念に関わる研究結果について触れてこの項を終えよう。この概念はその物事の真正性、信ぴょう性を表していて、その物事に対して偽りがなく、真正であるということを捉えている。このことを自己との関連で考えてみると、自分に対して正直であるか、また自分に偽りなく生きているかといったことを問題にしているといえる。これを別の言葉でいうと、自分らしく生きることといえるかもしれない。上記で真の自己ということについて触れたが、シュレーゲルの研究では真の自己は近しい人の間でだけ見せる自分として捉えられていた。つまり多くの人にとっては常に真の自己を他人に見せているわけではなく、公共の場では自分の現実的、公共的な面を見せていることが多い。

ウッドら[25]は、オーセンティック（ここからは自分らしさと呼ぶ）である傾向に個人差があると考え、その傾向を捉える質問紙を作成している。つまりある人は常に自分に正直で自分らしく生きており、ある人はその場の状況や目的に応じて自分を変えて生きているといえる。つまりここでは親しい人だけに見せる真の自己というよりも、自分らしく生きることが問題とされている。過去の研究をレビューしたサットン[26]の論文では、自分らしく生きている人ほど幸せに感じている傾向があることが分かった。また自分らしく生きる傾向が状況によらず一般的に高い人は、仕事などにも積極的に取り組む傾向があるとしている。その他にもレントンら[27]は、人は自分らしく行動している時に人生の意味を感じているのではないかと考え、状況に応じた行動と人生の意味との関係について調べている。彼らはスマートフォンを使ってランダムな時間に一日に何度か実験の参加者にコンタクトし、質問をした。その質問の中では、その時にしていたことを挙げてもらい、そのことによってどのような欲求が満たされていたかを訊いた。たとえば、やっていることを楽しいと感じているのか、そのことで他人と関わることができたり、もしくは課題を上手く遂行できていると感じたりしているのかなど、その時にしていた活動でどのような気持ちが得られたかを調べている。その中の一つとして自分のことを理解することができたという意味に関する質問が含まれていた。そして結果では、この意味に関連している項目が、自分の価値に沿って行動できているという自分らしさに関する項目と一番強く関係していることが分かった。つまり自分に意味のある活動をしていると感じられている時に、自分が自分らしく生きていると感じられることが調査の中で報告されていた。そして興味深いのは、自分らしく感じられるのは楽しいと感じている時や他人といる時、または何か物事を上手くやれている時ではなく、自分を理解できるような意味のあることをしている時だったということだ。これらの結果を総合的に見ると、自分らしくいるということが人生の意味に大きく関わっていることが分かる。

人はどんなことに人生の意味を見出すのかを検討した研究では他者との関係によって人生の意味を見出すことが多いことが明らかにされたが、ここで見てきた研究によると自己のアイデンティティに関わることや自分らしく生きることも、人生に意味を感じる上で重要であることが分かる。私たちは多くの時間を公共の場でたくさんの人と関わり合いながら過ごしているが、自己を取り扱った研究では、そうした社会的な生活の中で自分らしく生きることや、自分にとって重要なことを見つけそのことに忠実であることの大切さを示している。私たちは日々他者と折り合いをつけたり、仕事のために自分らしさを抑えて作業をこなしたりすることも多いが、自分らしさをなるべく保ちつつ日々を過ごすことは人生に意味を感じる上でとても大切なことだ。そのことを考えると、自分についてよく理解し、自分が何をしたいのかを分かっていることは、自分らしさを保つための一つの重要な要素といえる。またマグレガーの研究で見たように、大変だと思われることでも自分が大切だと思うことをやり続けることが人生に意味を感じる上で重要だということだ。一時的な楽しみではなく、何か大切なことを続けることで私たちは充実感を感じるというのは、納得のいく結論でもある。

宗教

２０１０年の世界各国の国勢調査の結果をもとにしたピュー・リサーチセンターの報告によると、世界では84パーセントの人が何らかの宗教に所属していたのに対し、日本では57パーセントの人が無宗教だと回答している。つまり日本は宗教に関しては世界の中でも特異な国で、欧米での研究の結果はそれほど日本人には当てはまらないかもしれない。しかし世界の人々の間では宗教が持つ意味は非常に大きいし、哲学での項でも見たが、著名な作家が人生の意味を失うきっかけの一つになったのが信仰心への危機感によるものだった。これらのことを考えると、宗教と人生の意味の研究について見ていくことは大切なことだといえる。２００８年のギャラップ社の調査によると、無宗教の人のうち83パーセントが人生に大切な意味や目的を持っていると答えたのに対し、宗教を信仰している人では92パーセントの人が人生に意味があると答えている。これは宗教の種類によらず見られる傾向で、一番高かったのはキリスト教の93パーセントで、主要な宗教の中で一番低かったユダヤ教でも88パーセントであった。またそれぞれの宗教の中でも日々の信仰が大切だと思っている人ほど人生に意味があると答える傾向が高いことも示されている。これらの統計だけでも、いかに宗教が人生の意味に対して影響力を持っているかが分かるだろう。

ではなぜ宗教が人生の意味に強く関わっているのだろうか。宗教や心理学の研究者によると、宗教の大きな目的の一つが信仰者に人生や世界の意味を教えることであり、宗教それ自体が意味システムであると数々の研究者が述べている[28][29]。アメリカでは宗教を熱心に信じている人が学校で進化論が教えられることに反対しているという話を聞いたことがあるかもしれないが、２００７年と２００８年に行われたピュー・リサーチセンターの調査によると、人間の起源の説明として進化論が最も適していると考える人の割合はキリスト教徒の間では50パーセント台という低い割合であった。このように宗教は人々の世界観を形成する上で大きな影響を与えていると考えられ、信仰者が宗教を通して人生の意味を感じ取っていると考えるのはもっともなことだといえる。

ではもう少し具体的に、宗教と人生の意味について考えてみよう。人生の意味の定義の一つとして一貫性に触れたが、宗教は人生に一貫性を与えるものとして大きな機能を果たしている。たとえば宗教の特徴の一つに宗教的儀式があり、その一員であるためには儀式やしきたりに従うことが必要となる。信仰者は宗教の教えに日々従い、そのことによって生活の中に一貫性が生み出され、人々の生活も安定性が増すと考えられる。そして一貫性のある儀式に従うことによって、信者は日々何をすれば良いのかが分かり、人生に対する迷いが少なくなる。また儀式に従うことによって心が鍛錬されるといった側面はあるが、宗教には儀式があるということによって決められたルールに従わない者を弾いていくという側面も持っている。つまり他の信者も同じしきたりに従ったり同じことを信じていたりすることから、周りの人が自分と似た考えを持っていると感じることができたり、その人たちを理解することもたやすくなったりするだろう。つまり宗教は色々な面で人生への理解を深める助けになっている。

逆に考えると、無宗教者の現代人には生活の中で数多くの選択肢があり、そのことが人生の意味を失う可能性につながっているのかもしれない。ニュートンとマッキントッシュ[28]は、宗教という言葉の語源はラテン語のreligāreという言葉にさかのぼり、この言葉には「繋ぎ合わせる」という意味があるとしている。つまり宗教には色々な物事を一つの傘の下にまとめる力があるのだと述べている。また宗教は現世の世界観に関わるだけでなく、死後の世界まで含めたより包括的な意味を提供しているとニュートンらは指摘している。つまり宗教を信じる者にとっては現在行っていることは、その場だけに価値があるのではなくて、この世を離れた時にも関わってくるほど大きな枠組みで捉えられるものである。また宗教は信念や世界観を提供するだけではなく、何か疑問を持った時にもそれらに対する答えが用意されていることが多々あり、宗教を信じるものはその教えを信じている限り、人生に迷うことは少ないといえるかもしれない。また私たちがもしより科学的に物事を理解して、色々なことを確率で考えたりすると、不幸なことが起きてしまう可能性がゼロではないことに不安になるかもしれない。一方で宗教を信じる人にとっては物事は神によって決められているものであり、自分が普段善い行いをしていれば悪いことは起きないと考えることができたり、また悪いことが起きたとしても自分にはそれを乗り越える力があるから神が試練を与えているのだと考えたりするなど、何の意味もなく悪いことが起きるわけではないと考えることもできる。[30]

このケイらの理論によると、自分にコントロールできないと感じる時ほど、信仰心のある人は神の存在を信じることによって安心感を生み出そうとすると考えられ、この理論をもとに仮説を立てていくつかの研究を行っている。ある研究では、実験の参加者が自分がコントロールすることができなかった過去の状況を思い出したり、何か悪いことが起きるかもしれないという状況（たとえば帰宅途中に暴漢に襲われるなど）を想像したりするように求められ、それらのことを考えた時に自分ではコントロールできないという気持ちを強く感じた人ほど、神の存在を信じる傾向が強まることを証明している。[31][32]つまり宗教を信じる人にとっては、物事は神によってコントロールされていると考えることによって自分の中での安心感を保っていると推察される。これらの研究の結果を見てみると、人生の意味の重要な要素である一貫性や理解が宗教を信じることの効用にもなっていることが分かる。

また人生の意味の定義として重要さや意義深さという点についても触れたが、宗教はこの点に関しても大きく関わっている。宗教は神聖であるということによって、より大きな意味をもたらしていると指摘されている。たとえばパーガメントとマホーニィ[33]の研究によると、結婚を神聖なものだと考えている人ほど、そうだとは考えていない人より結婚に対する満足度や責任感が高いことが示されている。またエモンズら[34]の研究によると、神との関係を深めるなど宗教的で神聖な目的を持っている人ほど、たとえば友人を助けるなど宗教的でない目的を持っている人より、幸福感や人生に目的をより強く感じる傾向があることを実証している。また哲学の項でも触れたが、創造主である神が存在することによって、意味は主観的なものではなく客観的な意味を持つことになる。信者は神の教えに従って生きることによって、天国に召されたり、成仏したりできると信じて生きることができる。またある研究結果によると、より宗教心が高い人は死に対する恐怖心が低いことが分かっている[35]。たとえば宗教心が高い人は、実験的に死の恐怖や意味のなさを考えさせられるように操作されたとしても、その時に宗教のことを考えるように促された場合には、宗教を信じていない人よりも恐怖を感じない傾向が強かった。またジョーナスとフィッシャー[36]は、死への恐怖を感じさせられた場合には、人は自分が強く持っている価値観や自己の価値を高めて評価することによって死への恐怖感を下げようとする傾向があるが、宗教心が強い人はそのような防衛反応を示さないことを証明している。つまり宗教は、死への恐怖から人を守る効用があると考えられる。

人生の意味をもたらすものとして他者との関係の重要さについて前に触れたが、他の宗教の機能として、宗教はグループへの所属を促すため、こうした社会的な面でのメリットも多くある。宗教に属していると教会や寺院に日々通ったりして、頻繁に人に会うことができるし、同じ教会や寺院に通うもの同士助け合ったりすることができる。また宗教や宗派の所属メンバーとして、帰属意識を元にした人生の意味を持つこともできる。帰属意識が高まる理由としては、儀式や教義があることによって、信心深くない人はそのグループに所属できないことで、グループの一体感がより高いものになると考えられる。[37]

世界では歴史的に宗教間の争いが数多く行われてきたが、その理由の一つは、自身の世界観や意味を守るためであるとされている。ゴレンとプラント[38]の研究によると、宗教的な世界観を強く持っている人は、違う宗教を信じている人を偏見のある目で見る傾向があり、それは自身の世界観が脅かされていると感じるためだとしている。そして宗教への所属意識のユニークな効用としては、そこに古い歴史があることが挙げられる。ニュートンとマッキントッシュは、宗教を信仰する者は自分の身近なグループにだけではなく、過去の世代にさかのぼって所属意識を感じることができると指摘している。また歴史があるということはそれだけ一貫性のある価値観があるということでもあり、その点でも宗教は人生に意味をもたらしているといえる。

こうして見てみると、宗教はより多様な点で人生の意味に関わっていることから、その人生の意味への重要さは納得のいくものだといえる。トルストイやキェルケゴールが結局宗教に人生の意味を求めたのは、きっとそれ以上に人生に意味を与えるものに辿り着かなかったからなのかもしれない。

第4章　人生の意味と幸福感の違い

次のことを考えてみよう。はたして人生に意味を持って生きるということは幸せな人生なのだろうか。フランクルは収容所の中で何らかの目的を見つけて生きている人は生き残る確率が高いことを観察し、自身の理論をさらに発展させていった。ではその人たちはその時、同時に幸せと感じて生きていたのだろうか。意味を持って生きることである程度の充実感は感じられるかもしれないが、その感覚を幸福感と同義で捉えることはできるのだろうか。この章では人生の意味と幸福感の違いを探ることによって、人生の意味が持つ意味をさらに掘り下げてみよう。

心理学の研究では、幸福感に関する研究の方が人生の意味に関するものよりも数多く行われてきた。[1][2] 日常生活の中でも人々の関心は幸せの方に向いており、日々そのことについて考えたり話したりしているだろう。一方で、人生の意味に関しては面と向かって考えることはあまりないかもしれないが、時折ふと頭に浮かんだり、何か目的に向かっている時にそのことを考えたりするかもしれない。人生の意味に関しては定義づけをすでに行ったが、幸福感と人生の意味の違いを理解するために、まずここでは幸福感がどのように心理学の研究で定義され、測定されてきたかを見てみよう。

人生の意味の定義の際にも触れたが、幸福感においてもその経験に関しては主観的なものであるという見解が大勢を占めている。心理学の研究では主観的ウェルビーイング（subjective well-being）という語が用いられ、本人が自身の心身の状態を良いと感じていたら、それを幸福感と捉えても良いと考えられてきた。[3] また実際の研究では、人生の満足感（life satisfaction）として測定されることも多い。あなたは幸せですか、と訊かれるよりも、生活に満足していますか、と訊かれた方が、具体的で答えやすいということもいえるだろう。つまり心理学の研究では、本人がどのように自分の生活に対して考え感じているかが、幸せを捉える時にも重要になっている。

また他のアプローチとして、幸せをもう少し感情的な側面で捉えようとするものがある。人がどれだけ嬉しさや楽しさなどのポジティブな感情を感じて生活しているか、またどれだけ悲しさや怒りなどのネガティブな感情を感じて生活しているかということを測定して、その割合で幸せを捉えるという立場である。つまり、もし誰かが最近一週間でポジティブな感情を多く感じていて、ネガティブな感情をそれほど感じずに生活していたとしたら、その人は最近幸せに感じて生活していると考えることができる。一方である人がネガティブな感情を頻繁に感じて、あまりポジティブな感情を感じていなかったら、その人はあまり幸せではないということになる。このように幸福感の研究においては、主観的な満足感や感情の頻度を訊くことによって、幸福感を具体的に測定してきた。人生の意味と似ている点としては、その内容を問うているのではなく、本人が自身の生活に満足して、日々楽しく生活をしていれば、その人は幸せであると考える点である。たとえばお金をたくさん持っていなかったり、多くの友人がいるわけではなかったりしても、本人が自分の生活に満足をしていれば、その人は幸せであるといえる。人生の意味を論じた際にも、その内容より本人が意味を感じていることが大事だったように、幸福感も客観的な状態によってではなく、本人が感じている主観的な幸福感によって個人の幸福度を測ってきた。

ではここからは、人生の意味と幸福感の違いについて取り上げた研究を見ていこう。バウマイスターら[4]は幸福感と人生の意味の違いについて、幸福感をより自然な性質によるもの、そして意味をもっと文化的、後天的に取得されたものとして研究している。たとえば、他の動物は快や不快の感情をもとに行動することが多々あるが、それは人間も同様であり、私たちが心地良いものや快適なものを求めて行動するのは極めて自然なことである。一方で、人生の意味は自然な現象として日々感じられるものではなく、より文化的な側面を持ったものだとバウマイスターらは論じている。

この研究では同じ調査の参加者に3回に分けて調査を行っていて、意味と幸福感の関連を調べている。まず初めに人生に意味を感じている人は幸福感も感じている傾向があり、その相関係数は0・70と高いものであった。二つの間に何らかの違いはあるにしても、強い関係があることが見出されている。つまり、自分の生活の中に重要なものがあったり目的を持って生活をしていたりすると、人はある程度充足感を感じたり、生活への満足度が上がったりするので、幸せも感じているといえるのだろう。

またバウマイスターらは、どのような調査項目が幸福感と人生の意味の間で違った関係性を示すのかも調べている。まず現在心地良く感じている（feeling good）人は高い幸福感を感じていて、現在上手く行っていないと感じる（feeling bad）人は幸福感が低い傾向があった。そしてこれらの項目は人生の意味とは何の相関も示さなかった。つまり幸福感の定義で触れたように、幸福感には感情的な側面が含まれているが、人生の意味にはそういった要素が見られないといえるだろう。一方で、退屈だと感じている（feeling bored）と答えた人は、人生の意味の得点が低い傾向があり、この項目は幸福感とは無関係であった。これは人生の意味が持つ目的志向性の側面を表している。また人生を簡単（easy）だと思っている人は幸福感が高く、人生を困難（struggle）だと思っている人は幸福感が低い傾向があった。そしてこれらの項目は人生の意味とは関連がなかった。

お金があるかないかなど経済的な項目も幸福感と関連がある一方で、人生の意味とは関連がなかった。また過去や未来について考えることはあるかという質問に関しては、考えることがあると言った人は幸福感が低い一方で、人生の意味を感じている傾向は高いことが分かった。そして今現在のことについて考えているという人は幸せに感じているが、意味を感じていることとは無関係であった。つまり現在の状況が幸福感に関係しているのに対して、過去を振り返ったり、未来について考えたりすることは人生の意味と関係していることが分かった。

このことを少し解釈してみると、過去にあった重要なことは人生に意味を感じることにつながり、それが起こった後でも大切であり続けるのに対して、重要なことを過去に成しえたとしても今現在の状況が良くないものであったら、人は幸せには感じられないといえるのかもしれない。また目的は人生の意味の一つであり、未来のことを考えることが人生の意味に関係しているのは納得のいくものである。

また社会的な関係性との関連では、幸福感も人生の意味も共に他の人とつながっていると感じることに正の相関を示し、孤独感とは負の相関があった。また人に何かを与えることが好きだという人は幸福感が低い一方で、人生に意味を感じている傾向があった。また人生に意味を感じている人は、人を助けたり子供の世話をしたりする傾向が高いことも分かっている。つまり誰かのために何かをするということは人生の意味を感じるのに役割を果たしている一方で、幸福感とはあまり関係がないと考えられる。

この調査ではまた、過去にどれだけ良いこと（positive events）があったか、また悪いこと（negative events）があったかも訊ねていて、良いことは幸福感と人生の意味の両方に正の相関があったのに対し、悪いことは人生の意味に正の相関を示し、幸福感には負の相関を示していた。またストレスを感じることや困難ややりがいのあることについて考えることは人生の意味と正の相関を示し、幸福感とは負の相関を示していた。また心配することも人生の意味とは正の相関を、幸福感とは負の相関を示していた。

バウマイスターらは研究を締め括るにあたって、次のように考察している。ある人は現在や自己の幸福感を犠牲にしてでも、未来や他人のために働いて自分の人生に意味を見出している。またある人は不安やストレスを感じても、自分を律して意味のある生活を送りたいと考えている。その一方で、意味を考えることなく今現在の自分の喜びや楽しみを優先し、不安や過去の困難だったことを考えたり、深い思考を必要とするものなどを避けたりして自分の幸福を優先する人もいる。

この研究の結果は幸福感と人生の意味の違いを上手く描き出していて、人生の意味がより長い期間に関わったものであることや困難や負の出来事も人生の意味に関連しているという特徴をよく表している。そして幸福感と人生の意味の違いを見ると、不幸な感情や困難を伴っても意味のある人生を送ろうとする人もいる一方で、難しいことを避け楽しく幸せな人生を歩もうとする人もいることが分かる。そのどちらが良いというわけではないが、生き方の選択としてこの違いについて考えることは有意義だといえよう。この生き方の選択は私たちがどのような人生を歩んでいくかに大きく作用すると考えられるからだ。またここでは違いについて多く強調したが、人生の意味と幸福感の間に高い相関が見られたように、幸福で意味のある人生を送っている人が多くいることも事実である。つまり現在を楽しみつつも、未来に向けて努力を重ねて生きていくことは可能だといえよう。

幸福について

もし幸福感と人生の意味のどちらをよく考えたり、感じたりするかと問われたら、多くの人は幸福感だと答えるであろう。最初に見てきたように、人生の意味はもう少し特殊な状況下で顧みたり、時折ふとした時に思いを巡らせたりすることなのかもしれない。上述した研究で、幸福を感じることが必ずしも人生の意味と同じではないことも見てきた。たとえば好きなことだけをして、快楽だったり心地良くあったりすることを求めることが人生の意味につながるとはいえないだろう。また短期的な幸福を求めることは、長期的には何らかの弊害をもたらすことがあるかもしれない。ここでは快楽主義や幸福感についてさらに掘り下げ、人生の意味との関係についてもう少し詳しく考えてみよう。

幸福感を測定する際にいくつかの方法があることを紹介したが、それ以外にも幸福を違った側面で定義している研究者がいる。たとえばリフらはウェルビーイングの概念を六つの異なった次元によって捉えている。彼女らの議論によると、過去のウェルビーイング研究はどちらかといえば快楽主義（ヘドニア）の方に重点を置いていて、アリストテレスが考察したユーダイモニア（eudaimonia 理性に基づく生活から生まれる幸福）の側面を上手く捉えていなかったと批評している。アリストテレスはニコスマス倫理学の中でユーダイモニアを人が達成できることで最上のものと位置づけている。そして人が目指すべきなのは最高の自分を引き出すことだとしている。つまり私たちのゴールは真の自分そして最善の自分を達成するために成長することだとしている。この観点から見ると、私たちの心の健康に大切なのは、最善の自分であることだといえる。

リフとシンガー[5]は、アリストテレスは人のウェルビーイングの状態を捉えようとしたのではなく、人がどのように生きれば良いのかという倫理的な指針を示そうとしたのだと指摘している。つまり多くの人がそのことに取り組んでいるかどうかということではなく、人が目指すべき道標を示そうとしたのだということである。心理学研究の場合には一般の人からデータを取って検証を行うので、実際に人がどういう行動や傾向を見せているかを実証しようとしている。つまりあるべき姿を示そうとしているアリストテレスとは、実際のデータに基づき一般的に人がどのように感じたり行動したりしようとしているかを捉えようとしているという点で違いがあることを認識しておくのは大切なことかもしれない。

リフ[6]は、過去のウェルビーイング研究がポジティブな感情やネガティブな感情、主観的な満足感に偏っていたことを指摘していて、ユーダイモニアやそれと近接の概念を含んだウェルビーイングの研究を提唱して、六つの次元をもとに新しい質問紙を作成して研究を行っている。これらの次元は、アリストテレスや他の臨床心理学者、発達心理学者が最善の自分になるために大切なものだと論じたものを基本にしている。

通信用カード

■このはがきを，小社への通信または小社刊行書の御注文に御利用下さい。このはがきを御利用になれば，より早く，より確実に御入手できると存じます。
■お名前は早速，読者名簿に登録，折にふれて新刊のお知らせ・配本の御案内などをさしあげたいと存じます。

お読み下さった本の書名

通 信 欄

新規購入申込書 お買いつけの小売書店名を必ず御記入下さい。

(書名)	(定価) ¥	(部数) 部
(書名)	(定価) ¥	(部数) 部

ご氏名《ふりがな》　　ご職業　（　　歳）

〒　　Tel.
ご住所

e-mail アドレス

ご指定書店名	取次	この欄は書店又は当社で記入します。
書店の住所		

郵 便 は が き

恐縮ですが、
切手をお貼り
下さい。

101-0051

（受取人）

東京都千代田区神田神保町三―九
幸保ビル

新曜社営業部 行

通
信
欄

その一つは自己受容で、自身の行動や感情、モチベーションなどを正確に理解して受け入れることを示している。マズローやロジャース、エリクソンなど著名な心理学者はその大切さについて触れていて、自己を理解すること、そして受け入れることは、ウェルビーイングの一つの次元として大切なことだとしている。二つ目は他者と良好な関係を築くことで、アリストテレスも友情や愛の大切さを説いている。三つ目は個人的な成長で、これはまさにアリストテレスが最善の自分になるために成長することが大切であるとしていることをもとにしている。またマズローも他の欲求を達成した後に求められる最上の欲求として自己実現を挙げている。四つ目の次元は人生の目的である。アリストテレスが最善の自分に向かうことがゴールだとしたように、何か人生の目的を持ってそれに向かうことは自己を実現させるために重要なことである。リフはこの次元をフランクルの理論とも関連づけており、この点は人生の意味と重なり合うところである。五つ目の次元は環境統制力で、自分の能力に見合った生活環境を選んだり作り出したりすることの重要さを挙げている。そして六つ目の次元として自主性を挙げている。これは臨床心理学や社会心理学の研究でもその重要さは多く指摘されていて、ロジャースも彼のカウンセリング理論で自主性を伴う個人の治癒力を促すカウンセリング技法を開発している。このようにウェルビーイングは、最善な状態の自己として捉えると、四つ目の次元で人生の目的が挙げられているように、人生の意味とも少し重なるものとして考えられていることが分かる。

心理学ではこのリフの質問紙を用いた実証的な研究が数多く行われている。まず人が感情をどのように統制するかという傾向との関連を調べた研究によると、[7] これら六つの次元すべてが、その時の状況を考慮したり見方を変えて物事を再評価したりすることによって感情を統制する傾向と正の相関があったとしている。その一方で、感情を表さないようにする抑制的な感情の統制方法とは負の相関が見られた。つまり感情を無視して抑圧して乗り切ろうとするよりも、ユーダイモニアのウェルビーイングが高い人は物事の見方を変えるなど、建設的な対応をしてその場を乗り切る傾向があることが分かっている。また教育との関連で見ると、大学卒など学歴が高くなるほど、ユーダイモニアのウェルビーイングが高くなる傾向が見られ、それは個人的な成長や人生の目的などよりユーダイモニアの核となるような次元で顕著であった。[5] また健康との関連で見ると、個人的な成長や人生の目的が高い人ほど、ストレスレベルの指標となる唾液中のコルチゾールのレベルが低いことも分かっている。[8] さらには人生の目的が高い人はインターロイキン-6レセプター（IL-6R）などの炎症マーカーの値が低いことも分かっている。つまりユーダイモニアのウェルビーイングが高い人は免疫力が高く、健康な状態を維持しているといえる。このようにユーダイモニアが健康に関連していることを考えると、人生の意味と関連しているユーダイモニア的なウェルビーイングは、自己を精神的にも肉体的にも良好に保ち、人が高いレベルで機能する状態を実現していることと強く関係していると考えられる。

リフのウェルビーイングの捉え方が幸福感を考える上で一般的なものであるとはいえないが、

この視点での幸福感は人生の意味との関係を見る上で重要なものだと考えられる。アリストテレスは最上の自分になることを目指すものとしてユーダイモニアという概念を提唱したが、リフのウェルビーイングが他者との良好な関係や環境の統制力をその一部として挙げているように、この視点では自己をどのように調整して周りとの調和をとれるかがウェルビーイングの一つの大切な要素として考えられている。過去の研究で幸福感をポジティブとネガティブの感情の割合で捉えることがあったように、感情も幸福感に大きく関与していることは理解できる。

しかし私たちの長い人生の中では良い出来事も悪い出来事も数多くあり、幸福感をそういった感情の割合だけで捉えるのではなく、どのようにそうした出来事に対処し、人生への満足感を持続していけるかという視点は大切なものだといえる。幸福感は上がったり下がったりするものではあるが、感情の波ほど早い揺れとして捉えるべきではないだろう。その点でリフのウェルビーイングが捉えるように、自己の感情を統制したり、他者や環境と調和したりする能力は大切なものだといえる。しかし一方で、これらの要素は幸福感そのものというよりも、幸福感につながるその他の要素であると考えることもできる。人生の意味が幸福感と同一ではないように、これらのウェルビーイング概念の捉え方も慎重に考えていかなければならないだろう。

では、リフがユーダイモニアのウェルビーイングと対比した快楽（ヘドニア）的な生き方はどうだろうか。リフは過去のウェルビーイングの研究をヘドニアと幸福感を同一視していたとして批判しているが、必ずしもそうとは言い切れない。多くの研究ではポジティブとネガティブの感情の割合だけで幸福感を捉えるよりは、主観的な生活への満足感であったり、直接どのくらい幸せであると感じているかを訊ねることで幸福感を捉えたりするなど、本人の主観的な判断に頼っていた点はあるが、それらの研究が快楽的な側面ばかりを捉えているとは言い切れないだろう。

快楽主義は論文の中で概念としては多く議論されてきたが、実証的に快楽主義に絞って測定して幸福感について調べた研究は少ない。その中の一つにヴィーンホヴェン[9]の研究がある。その中でヴィーンホヴェンは快楽主義（hedonism）のことを快楽（pleasure）が重要な役割を占めているような生活であると述べている。つまり快楽主義的な生活をしている人は、快楽や楽しいことがあるとそのことを率先して得ようとするような人だとされる。

この研究では快楽主義的な行動と幸福感との関係についても調べている。単純に考えると快楽を求めているのだから幸福感とは正の関係が見られそうだが、ヴィーンホヴェンは快楽主義の負の要素の可能性として、快の感情はそのうちに消えてしまうものなので、快楽を求め続けるとそのうちに十分な快楽が得られなくなり、より強い快楽を求めるようになってしまう可能性について述べている。私たちがこのことですぐ思い浮かべるのは薬物の中毒であろう。薬物を長く使用しているとそれまで得られていた快楽が得られなくなり、より強いものを求めてしまうという負の連鎖が起こる。

この研究では過去に行われた国際的な調査や個人レベルでの調査の結果を通して、快楽主義と幸福感に絞って検討している。相関関係での結果なので、他の要素が影響を与えている可能性が多々あるが、主な傾向としてはレジャーの時間を大切にしたり、日常的な活動を楽しんだりすること、また性的な活動に寛容な態度を持っている傾向などは幸福感と正の相関があることを示している。つまりそれほど極端ではないレベルの快楽志向は、幸福感を感じることと関連していると見られる。一方でアルコールやタバコの消費や薬物の使用は幸福感とは関連がないことが分かった。もちろん嗜好品の消費や薬物の使用では健康を害することも考えられるので、この結果は単純には解釈のできないものであろう。しかし快楽を求める行動が必ずしも幸福感につながらない可能性は見て取ることができる。

快楽主義そのものではないが、その代わりとして物質主義（materialism）を一つの要素として考えると、物質主義と幸福感（ウェルビーイング）の関係については数多くの研究が行われていて、ディットマーら[10]はそれらの結果を用いてメタ分析を行っている。この論文の中では、物質主義はお金や自分の地位を誇示するような所有物を求めることとして定義されている。研究によって物質主義や幸福感に関する測定方法には違いがあり、それによって結果に多少ばらつきはあるものの、大まかな傾向としては物質主義と幸福感の間にはマイナス0・14の負の相関が見られた。この相関は強い値を示すものではないが統計的には有意な相関を示していて、物質主義を認めている人ほど幸福感が低い傾向があることを示している。

またディットマーらは調査対象者の違いによって差が見られるかどうかも検討していて、興味深いことに、収入や国のGDPの違いはこの関係性に影響を与えていなかった。しかしながら女性を多く含んだ研究は、より高い負の相関を示す傾向があることが分かっている。つまり女性で物質主義傾向が高いと、幸福感がより低い傾向があると考えられる。ディットマーらによると、男性の方が外に出てお金を稼いでくるという古い社会的な価値観があるので、男性がお金を求めることによる弊害が少ないのではないかと推察している。

人が人生の意味を考えることの理由として、危機的な状況にある時に意味を求めることが多いことを見てきた。つまり別の見方をすると、不幸せに感じる時に、人生の意味について考える傾向があるといえるかもしれない。ここでもう一度、幸福感と人生の意味について考えてみよう。野口[11]は幸福感と人生の意味を考えることの関係を世界価値観調査のデータを用いて検討している。そしてその二つの指標を用いて、国ごとに両方の得点が高い人が多いのかもしくは低い人が多いのか、また幸福感は高くて人生の意味は考えないという人が多いのか、幸福感は低くて人生の意味を考える人が多いのかを検討している。結果を見ると、ウズベキスタンやマレーシアなど中央アジアや東南アジアの国、またはトリニダード・トバゴやコロンビアなど中米の国で両方の得点が高い傾向が見られた。つまりこれらの国では幸せな人が同時に人生の意味について考える傾向があるといえる。一方で、両方の得点が低かったのはロシアやハンガリーなどの旧共産圏の国であった。これらの国では幸福感が低く人生の意味を考えないという人が多いと考えられる。そしてエチオピアやアルメニア、モロッコなど北アフリカや西アジアの国では、幸福でない人ほど人生の意味を考えるという割合が高く、スウェーデンやノルウェー、オランダなど北西ヨーロッパの国では幸福感が高く人生の意味を考えないという人の割合が高いことが分かった。

この傾向はGDPなどの経済指標との関係が高く、先進国では生活への満足が高く人生の意味を考えない傾向が見られる。つまりこれらの国では、人生の意味を問わない（極端な意味ではない）快楽主義の方向に傾いているともいえる。また宗教や伝統的な価値観などの指標は幸福感と人生の意味を考える人の割合が高いことと正の相関を示していた。つまり伝統的な価値観は人生の意味を考えつつも生活に満足感を与えることにつながっているといえる。これまで見てきた研究でも、他者との関係や所属意識が強いことが人生に意味をもたらすことが分かっているので、この結果は納得のいくものだろう。一方で、旧共産圏などでは経済的な問題によって幸福感の低さと人生の意味を考えないという一種のアパシーな状態を作り出しているとも考えられる。面白いことに、日本はどちらかといえば弱いレベルの快楽主義といえるところに位置していた。これは現在の日本らしさを表しているといえるのかもしれない。近年では先進国における孤独感の問題も取りざたされている。[12] この結果だけでそのことに結び付けることはできないが、意味を考えずに自分の生活の満足だけを追求することの問題点も考えておくのは大切なことかもしれない。

人生の意味を論じた際に、人生の意味や目的は追い求められるものであることに触れたが、幸福感の場合には幸福感を追求しようとすることによる弊害があることも研究で明らかにされている。グルーバーら[13]は、幸せになることを追求することには負の側面があるとしている。たとえば幸せを追求すること自体が反対に幸せを感じることの妨げにもなりうるし、仮に幸福へ高い望みを持っていたとすると、その求めていた幸福に到達できなかった時に余計に不幸に感じてしまうことがあるとしている。また幸せを強く望んでしまうと、逆にその期待の高まりのせいで落胆する確率が高まってしまうとも指摘している。

モースら[14]は、幸せを求めることの幸福感への負の影響を調査と実験によって証明している。初めの調査ではまず対象となる人のストレスレベルについて過去最近どのような出来事があったかを訊き、そしてその他に幸福にどれだけ価値を置いているか、また現在の感情や満足度などについて訊ね、その時点での幸福感を調べている。その調査の結果によると、ストレスを感じている人は幸福を求めようが求めまいが、その時の幸福感が低い傾向にあり、抑うつ傾向も高かった。一方でストレスが低い人では、幸福であることが大切であると考える人ほど幸福感が低く、幸福であることは大切ではないと考えている人ほど幸福感が高い傾向があった。つまり幸福であることに重きを置いている人は、ストレスがなく良い状態であるにもかかわらず、実際には幸福感をあまり感じていないといえる。

またその次に行った実験では、初めに実験の操作を受ける群の被験者に幸福であることの優位さを称賛したニュース記事を、その記事が幸福感に関するものだということを伏せた上で読ませている。実験の想定としては、実験の参加者がこの記事を読んだことによって暗に幸福の大切さを考えさせられる、という操作を与えていることになる。そして他の参加者は統制群として、そういった記事を読むことなく実験に参加している。次に両方のグループの参加者のうち、半分は幸福感を感じるようなビデオ（オリンピック選手が金メダルを取った様子）を見せられ、残り半分は心が沈むようなビデオ（妻が亡くなって誰もいなくなってしまった家に夫が帰る様子）を見させられる。そしてビデオを見た後にどう感じているかを測定している。この実験は参加者が実験の目的を理解したことによって楽しく感じたりまたは悲しく感じたりしないように、実験の真の目的は参加者には伏せて行われている。また感情の測定についても直接的ではない方法を用いている。たとえば意味をなさないような抽象的な図形を見せてその図形をポジティブに感じるかネガティブに感じるかを評定させて、その時の感情を測定している。過去の研究によると、人はその時に感じている感情をこういった抽象的な図形の判定に投影することが分かっていて、感情の間接的な測定方法としてしばしば用いられている。

この実験の結果によると、悲しいビデオを見た人たちは幸せの大切さを報じた記事を読んだか読まなかったかにかかわらず、やや悲しい気持ちになっていることが分かった。しかし楽しく感じさせるビデオを見た後では、幸福の大切さに関する記事を読んだか読まなかったによって差が出ることが分かった。つまり幸福を大切だと感じさせられた人は、そうでない人よりもあまりポジティブな感情を抱かなかったのだ。つまりこの結果を解釈すると、気分を高揚させるビデオ（オリンピックでの成功のシーン）を見た後には本当はポジティブに感じるべきはずなのに、幸福の大切さを感じさせられた人では気分が高揚するビデオによる利益が得られなかったことになる。調査の結果と合わせると、幸福であるべきだと考えることは必ずしもより幸せに感じることにはつながらないことがこの研究では証明されたことになる。幸福の大切さを感じさせられた人は、オリンピックのビデオを見ただけでは幸福感が得られなかったのだ。

また他の研究では幸福感を求めることは個人の幸福に焦点を当てることになるので、孤独感をより感じやすいことも証明されている。[15] 幸福を求めることの負の影響は、その期待を高めてしまうために、実際に得られるものに満足しないことが証明されているが、その他の理由として考えられるのは、自分がやることに注目をし過ぎることで社会への関わりが減ってしまうことも指摘されている。つまり幸福感の場合には、ただ単に幸せになろうと目指すよりも、幸福感をもたらすような活動をした結果として感じるものと考えた方が良いのかもしれない。つまり家族や友人といることによって幸福感を感じる人は、幸せになるために彼らと時間を過ごそうとするよりも、ただ単純に大切な人と時間を過ごそうとして、その結果幸せを感じると考える方が自然なのかもしれない。

こうしてみると人生の意味との違いは、人生の意味はその意義や目的など、目指すべきものとしてその価値があり、もしその目的を達成していないとしてもその目的が持っている価値は消えることがない。たとえばもし目的を達成していないとしても、その目的に向かっている時には、意義のあることに従事していると感じることで人生に意味を感じ取ることができる。つまり困難な目的に向かっている時には心地良さが感じられないために幸福感を感じないかもしれないが、目標に向かうことによってある種の充足感は得られるだろう。このように人生の意味には幸福感とは違いその目的に向かうという側面があり、この点でも二つの間に違いがあるといえる。モースらの研究が示しているように、幸福感や快の感情は意図的に増やそうとして増やせるものではなく、その時の状況が良かったりまた何かを達成したりした時、そして他者との友好な関係があることによって生じるような感情や満足感であるのかもしれない。

人生の意味の効用

人生の意味を求める時に苦悩が伴うことがあるのだとしたら、なぜ私たちは意味を考えたりしなければならないのだろうか。最初に触れたように、人は調子の良い時や幸せな時には自分の人生とは一体何なのか、とは問わないことが多い。むしろ自分を見失ってしまったり、将来に不安を感じたりした時に、ふと考えてしまうようなことだといえる。そして人生には意味などないのだから、自分の幸せを追求した方が良いと考える人もきっと多くいるだろう。では心理学の研究では、この問いに対してどのような答えを示すだろうか。

まず初めに人生の意味には、自分の人生を理解しているという側面があることに立ち返ってみよう。私たちは自分に何が起きるのか不確かな時、また今後どうしたら良いのか分からない時に不安に陥るし、多くの人はこうした不安に陥った時にそれに対処しようとする。ヘイネら[16]は意味維持モデルの中で、人は人生の意味を失ったり、不安に陥ったりした時に、何らかの方法を用いて意味を維持しようと努めると指摘している。たとえばある人が会社での地位を追われて自身が持っていた生きがいを失ってしまったとしたら、家族の時間をもっと大切にしたり、もしくはボランティア活動などに精を出したりして新たな意味を見つけようとすることがある。つまり何かで意味を失った場合には、他の形でその意味を補填するのだ。これは必ずしも私たちが意識的に考えてそのような行動をしているわけではなく、無意識的に自分を守るためにバランスを保とうとして起こしているといえる。つまりそのまま失意の中でいるよりも、このように新たな意味を生成することによって自身の心の健康を保とうとしているのだ。もちろん仕事での地位を失うことによって抑うつ的な傾向に陥る人も多々あり、そうした人は他の形で意味を維持することに失敗したためといえるかもしれない。一つのことだけに意味を見出そうとすると、その意味を失った時の失意は大きいといえる。

この意味維持モデルは社会心理学で最も有名な理論の一つである存在脅威管理理論[17]（Terror Management Theory）と関連している。この理論では人は自分がいずれ死んでしまう存在だという脅威にさらされた時、何らかの形でそこで生起した不安を低減しようと試みるとする。たとえば実験において自分の死を想像するように操作された場合、そこで生じた不安を解消するために、多くの人は社会の価値規範にすがる傾向がある。この理由としては、価値規範に従っていると人は守られていると感じ不安を低減させることができるからだといわれている。またこの心理的傾向は過去の実際の歴史的事実とも対応している。過去の歴史の中では社会不安が高まると権威主義が高まることがあり、民衆は強い指導者に従うことによって不安を低減させようとすることが明らかにされている。[18] ドイツやイタリアがファシズムに傾倒し、日本が全体主義に染まったのは、社会的、経済的に不安が高まったことが一因だと考えられる。

存在脅威管理理論によると、他に死の不安を抑える方法として、人は死の恐怖について考えさせられた後に自分の自尊心を高める傾向があることが実験で証明されている。これは自分を価値のあるものだと考えることによって、不安を低減させることができるからだ。このように私たちは、何らかの脅威にさらされた場合には、そこで生じる不安を他の形で抑えようとする傾向がある。同様に脅威にさらされた時だけでなく、意味を見失いそうになった時も、その不安感から逃れるために人は何らかの手段を使って自分の中にある意味を維持しようと努めるといわれている。つまり自分のことを理解していることは心の平穏につながると考えられ、人生の意味の一つの効用としては、自身の人生を理解していることから生じる心の安らかさであるといえる。人生の意味を全く考えずに過ごしていると、時折自分が迷ったり不安になったりした時に対処ができなくなることがある。その可能性があることからも、自分の人生を時々顧みることは大切なことだといえるだろう。

　またもう一つの要素である目的という点での人生の意味も、人生に指針や方向性を与えるという点で、人生に迷うことや不安感への緩衝材になるといえる。何かの目的に向かって進む時、私たちは日々何をすれば良いのか、また何のためにそうしているのかが明確となり、迷うことが少なくなる。また意義を感じて生きることは、それが主観的なものであったとしても、快楽や自身の幸福に専心するよりも、自分の人生により一貫性を与えると考えられる。人は意義があると思うことを持続するし、継続は安定感や安心感をもたらすからだ。

　日々の生活にのみ集中していたり、その時々で楽しいことだけをしようとしたりするのでない限り、私たちは多かれ少なかれ意味と関わった人生を歩んでいるといえるのではないだろうか。人生の意味とは幸福感よりも私たちの頭の中に浮かぶ頻度は少ないとしても、人生に指針や安定感を与えるものとして私たちの生活にごく身近に存在している。ある人は自分は日々の生活に集中して規則正しく生活しているだけで意味など考えないというかもしれないが、何事にも価値を認めず、自分のことを全く顧みることがないといったことがどれだけ至難の業か、私たちは暗に経験しているはずだ。私たちの脳は他の生物と比較してとても大きいものであり、人にとっては何も考えずに日々の生活をするのはとても難しいものだ。もし頭を空っぽにして日々を生活できるのならば、それに越したことはないかもしれないが、悩んだり考えたりすることが私たち人間の人間らしさなのだともいえる。私たちは自分の存在やしていることに意義を感じ、目標を持って一貫した生活を行うことによって、なるべく迷わずに人生を全うしているのだといえるだろう。

人生の意味の効用について、また他のことも考えてみよう。最初に触れたように、人は順調な時には人生の意味など考えないもので、危機に陥ったり、人生の転機が訪れたりした時に、自分の人生について見直すことが多い。パーク[19]は、人がストレスフルな状況に陥った時にどのように立ち直っていくのかを、人生の意味の観点から捉えようとしている。ジェノフ-バルマン[20]は、人が災害などトラウマを伴うような経験をすると、それまで当然のように存在していた日常を失うことになり、自分が常識として考えていた価値観や意味が喪失されてしまうことがあると述べている。つまりそのような困難な状況に陥ってしまった人にとっては、そこからどうやって元の安定感を取り戻していくかが課題となる。たとえば震災で家族や家を失ってしまったとしたら、そこで得ていた充足感を完全に同じように満たすことはとても難しいことだろう。しかし残された人たちはこれからも生きていかなければならないし、また何らかの意味を自分の人生に見出すことがその後の手助けになるといえる。

パークは彼女のモデルの中で、人が人生の危機に対面した時には大まかに二つの意味生成過程があるとしている。一つはグローバルな意味であり、たとえば宗教や自分が大事にしていた目的のように長期的に保持されているもの、または自分の中の価値観で大きな核になるようなものである。宗教を信じている人だったら、その宗教観をもとに震災の出来事を理解したり、消化したりして、大きな視点でその出来事を捉えることがあるだろう。たとえば自分が災難に遭ったのは、神が自分にその災難に立ち向かう力があるから試練を与えたのだと考えるかもしれない。またオリンピックを目指しているアスリートが直前に怪我をして出られなくなってしまったとしたら、次のオリンピックを目指すことでまた意味を取り戻したり、さらには怪我をしたことを自分が成長する機会と捉えて、新たにその出来事の意味を見直したりするかもしれない。つまり何か核となる人生の意味を持っていたら、そこで起きた不幸を何らかの形で消化することができるとこのモデルは指摘している。

しかし災害などで家族や家を失ったりした場合には、大きな意味だけでは収めることができないことが常で、もっと多くの時間や紆余曲折を経て、次第にその出来事を消化していくものだろう。パークはもう一つの意味生成過程として、状況に応じたより具体的な意味があることを仮定している。もしトラウマに対して普段持っていた意味で処理しきれなかった場合には、人は悲嘆に陥るだろう。そこでその出来事を処理するために、状況に応じて苦難や悲痛を減らすための色々な方法が試されると考えられる。その過程では意識的に自分で何か他のことで意味を取り戻したり、またそれとは違ってふとした気づきによって無意識的に大切なことに気づいたりして立ち直ることもあるだろう。つまりこの過程は一様ではなく、様々な意味生成過程によって見出されるので、このモデルでは大きな意味生成過程と対比して、状況に応じた意味生成過程も想定している。たとえばある時道を歩いていて、道端に咲いている花を見て何らかの気づきが訪れることがあるかもしれないし、自分で意識的に町の中でボランティア活動に携わることによって新たな意味に気づくかもしれない。

パークは意識的・無意識的という区別以外にも、自身を周りのことに同化させていくのかまたは周りの状況を自分に合わせるように変えていくのか、情緒的かもしくは頭で理解して気づきが訪れるのかなど、異なる生成過程があるとしている。実際の場面では、多くの人はこのように様々な形で意味を見つけることによって、自分が直面した災難と向き合っている。このように人が立ち直る過程ではたくさんの時間や経験が必要とされ、その回復の過程で意味や目的が重要な役割を果たしているといえる。

この章の最後に、人生の意味が持つ負の効用についても触れておこう。クルグランスキら[21]は、過去の研究結果などを踏まえてテロ行為を行う過激派が暴力に訴える心理過程を、人生の意味の観点から研究している。クルグランスキによると、過激派とは人が偏った価値観を持つことによって他人を犠牲にしてまでもその価値観を表明しようとする人たちのことを指していて、人が過激派に陥る三つの要素として欲求、それを支える物語、またネットワークがあるとしている。この中で欲求とは自分を意義のあるものとして感じたいこと、つまり人から敬意を払われたり何かにとって自分が重要でありたいと感じたりする欲求であるとしている。それを実現させる物語（多くの場合は宗教）やそれを実現させるためのネットワークがあることも鍵となるとしているが、この重要でありたいという欲求が人生の意味と重なる部分といえる。とてもいびつな形ではあるが、自分の存在理由を示す術として過激派の人間は暴力に陥ることがある。テロリストのグループに入った人は人生の中で何らかの失敗をしたことによってそのグループに惹きつけられたり[22]、またイスラム教の過激派に入った人はイスラム教全体が差別されていると感じていることによることがあるという[23]。そしてこうしたグループでの活動は自分やグループの重要さを示すための活動だとされ、ある者は過激な活動によってヒーローになったと感じることで自分の意義を確かめようとする。

ウェバーら[24]は219の自爆テロリストについての情報を調べ、彼らの動機と自爆テロの規模との関連について調べている。その結果によると、自分を重要だと示したいという欲求を持っていればいるほど、そのテロによってより多くの人が怪我をしたり亡くなったりしていることが分かった。つまりその動機の大きさによってテロの規模が変わってくるといえる。またアメリカの1500人ほどの政治的な過激派を調べたヤスコら[25]の研究によると、仕事で失敗をしたり対人関係で問題を抱えたりした人ほど、自分の政治信条を示すのに暴力に訴える傾向があるとされている。人生の意味を確かめたり得ようとしたりするのに、このように極端な手段を選ぶ人がいるのも事実である。さらに言えば、極端な手段を選ぶことによって、より強い形で意味が感じられるともいえる。このことは人生の意味と幸福感の違いを顕著に特徴づけるものでもあるだろう。過激な行為に陥る人は自分や他人の幸福を犠牲にしてまでも、自分が何らかの意義を持った存在だと感じたいのであり、それは自分の幸福感を上回るほど強いものなのだといえる。

ここで見てきたように、人は危機に陥った時にテロリストグループやカルト集団につけ込まれてしまうことがある。ここで取り上げたほど極端なものではなくても、人生の意味がネガティブに人生に影響を及ぼすことは他にもたくさんあるだろう。たとえば、仕事に意味を見出すばかりに、家族との関係をないがしろにしてしまったり、競技に勝つことだけに価値を置きすぎて何のためにその競技を始めたのかを見失ってしまったりするなど、意味を強く持ちすぎることの弊害も多々ある。後の章でどのようにしたら人生の意味を見つけられるかということに触れるが、負の側面の大きさを考えると、危機に陥ったり人生のバランスを失ったりしてしまう前に、普段からこの問題について考え、簡単には失われないような意味をしっかりと持っていることも大切だろう。

第5章　哲学者はどのように意味を見出したか

心理学の研究で人がどのように日常で意味を考えたり見出したりしているのかを見てきた。ここでもう一度、哲学者や作家がどのように意味について向き合ったのか考えてみよう。前の章では彼らがなぜ人生の意味を考えるに至ったのかについて触れたが、ここでは彼らがどのようにこれらの問いに向き合ったのか、またどのようにこの問題を解決したのかについて見てみよう。

トルストイ

トルストイは自分が得た名声や富にもかかわらず、人生の意味について思い悩んだ。そして人生の意味を見失った時には、教会の在り方に疑問を抱き、宗教的な教えにも価値を見出せなくなっていた。しかしトルストイが長い葛藤の後に再び人生に意味を見つけたのは、宗教を献身的に信じ日々の生活を全うする農民の姿の中であった[1]。トルストイは農民の献身的な姿、シンプルな生き方に魅力を感じ、彼らの姿の中に人生の意味を見出したのだった。農民は教会の政治的な関与を抜きにして、素直にキリストの教えを信じていて、トルストイはその中に偽りのない信仰の姿を見たのだった。トルストイは農民が自分の人生を疑ったりせず、運命を受け入れて日々の生活を送っている姿に心を打たれ、彼らの生活が自分の探し求めていた答えのように思ったのだった。

しかしこのトルストイの解釈については批判もあり、農民が実際に献身的にキリストの教えを信じていたかということには議論の余地がある[2]。その頃の農民は実際には貧困に苦しんでいたし、献身的に日々の生活を全うしていたというのはトルストイの理想主義的な見方であって、ただ単に生活に余裕がなかっただけとも指摘されている。真実はどこにあったにせよ、心理学の研究との関連でこの問題を考えてみると、一貫性や理解という点での意味が最終的にはトルストイが見出した答えに呼応しているように見える。意義や重要さといった点ではトルストイはすでに大きな影響力を持っていたし、社会的な名声もすでに得ていた。しかし彼を苦しめたのは名声や幸福感は一時的なもので、いつかは失われてしまうかもしれないことだった。それに比べると疑うことなく献身的に何かを信じるということは、もっと持続可能なものだと映ったのかもしれない。そして宗教は絶対的で安定的な価値を与えるものとして、その当時のトルストイにとっては唯一のものだったといえるだろう。教会の在り方や世界の宗教の受け止め方は、時と共に移ろうことがあるが、個人が献身的にその教えを信じ実行する態度は本人がその教えを疑わない限り、より永続的なものとして存在しうるものだ。つまり理解や一貫性という点での意味がトルストイにとっては唯一彼の疑念を晴らすものだったといえる。彼は思い悩むことをやめ、何かを一心に信じることによってこの問題を解決しようとしたのだった。

トルストイはその後、世界平和や貧しい人のために献身的に働く[3]。そして自身が所有する富に疑問を抱き、それを投げ打とうとしたことで家族との間に軋轢が生まれてしまう。そして妻との長年の価値観の違いから、1910年についに家を飛び出した後に風邪をこじらせて肺炎にかかってしまう。そしてアスターポヴォ駅で人生の最期を迎える。

結局のところトルストイが見つけた人生の意味は、彼にとっては本当の答えかもしれないし、もしくは彼が見つけた落とし所だといえるかもしれない。本当のところは分からない。しかし一ついえるのは、人生に迷いながら抑うつ状態にもならず生き続けることはとても難しいということだ。その点で何かを信じて迷わないことや何らかの一貫性を自分の生活に見つけることは、トルストイが生きていく上での助けになったのは想像に難くない。つまり本人が強く信じている限り、見出した答えが主観的なものでも構わないのだ。トルストイは自分の私財まで投げ出そうとし、質素に信仰心を持って生きることによって、自分の価値観を実践しようとした。つまり人生の意味を見出して心の平穏を保つことが、富や名声を得ることよりもトルストイにとっては重要なことだったといえる。

またもう一つトルストイによって提起された重要な問題は、人生の意味は絶対的なものであるかどうかという問いだ。トルストイはいずれ死んでしまうのに、今やっていることにどのような意味があるのかと疑い始め、問題を抱えることになる。『懺悔』の中で表現したように、自分の命が危機に瀕していていずれはその命は絶たれてしまうのに、ハチミツを舐めてその間命を繋ぐことができたとしても、そこで得るハチミツを舐めた時の快の感情にどのような意味があるのだろうかとトルストイは葛藤する。

では失われてしまうことに実際に意味はないのだろうか。一時的な快の感情には意味はないのだろうか。これまで見てきたように、心理学の研究では意味を一義的なものとしては捉えていない。そして意味があると感じている人がいる以上、その意味を完全に否定してしまうことはできない。もしある人が社会への影響力が少ないとしても、日々安定して一貫した生活をし、その中に充実感を感じていたとしたら、誰がその人生を否定できるだろうか。もしここで提示された人生の意味の定義が多くの人に満足のいくものであり、また人生に意味はあると感じて生きている人が多くいたとしたら、その意味を完全に否定してしまうことはできないだろう。もちろんその人たちが感じているのは意味ではなく、別のものだという議論はできる。そのために人生の意味を多くの人が納得のいく形で定義することはとても重要なことだ。そして皆が納得した形で定義された人生の意味を感じている人がこの世の中にいるとしたら、そこに人生の意味は存在しているといえる。人生の意味は多くの場合主観的な経験であり、人生に意味を持って生きている人はここまで心理学の研究結果で見てきたように、この世にはたくさん存在しているのだ。

では一時的にある人が人生に意味を感じていたとして、もしその人がそれ以降同じことで意味を感じなくなってしまったとしたら、そこにあった意味は全くなくなってしまうのだろうか。トルストイは意味に悩んでいた時には、一時的な快楽や家族との関係に意味を見出せないでいた。しかし意味はその対象なくしては存在しないものと考えるとしたら、意味が一時的にしか存在しないということは避けられないことである。なぜなら私たちは人が考える人生の意味を対象としているからだ。人は生まれそして死んでいく。そして絶対的に宇宙に存在する意味というものも存在しない。宇宙も本当に長いスパンで見れば永遠ではないか、安定したものではないからだ。つまり意味は絶対的なものではなく、受け手の心持ちに左右される人間の主観的な要素をはらんだものである。絶対的、永続的ではないことによって意味を失ってしまうのは、意味自体の「意味」を的確に捉えられていないからかもしれない。そしてもし人が存在しないものを求めていたとしたら、そこに待っているのは絶望だけだ。

トルストイは、正しいか正しくないかは別にして、結局は自分が見出した論理によって意味を見出すことになる。つまり絶対的な意味ということは捨てて、農民が献身的に信仰している姿を見ることによって彼なりの気づきがあったのだ。私たちは人生に意味があると感じ、その意味を信じている間は意味を感じて生きていける。そしてもし近しい誰かにとって私たちが意義のある存在であったとしたら、その近しい誰かが意義を感じている間は、私たちの存在も幾ばくかの客観性を持って意味を持ち続けるといえる。

私たちは意味があるのかないのかという二元論で意味の有無を考える傾向があるが、意味というものはもう少し繊細で複雑なものだ。私たちは時には自分の人生に大きく意味を見出し、また時には意味を見失ってしまう。そしてある人は意味があると感じる期間を長く持続させることができるし、ある人はそれを短期間しか持続できない。主観的な要素が多く含まれることを考えると、私たちは人生の意味をもう少し流動的なものとして捉える必要がある。私たちが一時的にでも意味を感じているとしたら、その間意味は確かに存在している。そして私たちがいつかは存在しなくなるように、私たちが感じていた意味もいつかは存在しなくなる。私たちにはきっとその不確かさを受け入れる強さが必要とされている。そのことを受け入れられないと、絶対的な意味を求め続けることになり、私たちはきっと存在しないものを求め続けることになるのだろう。

キェルケゴールとショーペンハウアー

では話を戻して、次にキェルケゴールとショーペンハウアーのケースを見てみよう。キェルケゴールは結局キリスト教の教えに回帰することによって人生の意味を見出そうとした。彼によるとキリスト教の教えというのは合理的に理解される範疇を越えているか、もしくは論理とは相容れないものだとしている。そしてもしキリスト教の教えを不条理なものだと感じたとしても、結局はキリスト教の信仰を信じることが真の意味を見つける唯一の道だと説いた。[4]なぜならそれが唯一人生に価値があると思わせるすべだからだと述べている。人生には多様な面があるが、キリスト教の信仰に基づけばこうした多様な面は統一したものになり、一つのゴールへと収斂していくとキェルケゴールは考えている。他に重要な点は、意味とは具体的な知識からもたらされるものではなく、何かに献身することによって、つまり信仰心から生まれるものだということだ。意味が生じるのは熱意を持って日々実践される信仰心によるものだとしている。こうして見ると、キェルケゴールの答えはトルストイのものとかなり似通っている。二人の考えの間には、献身的な信仰心というものが人生に迷わないこと、すなわち意味を見出すのに重要なことだということで一致点がある。

ショーペンハウアーの見方はもっと悲観的なものだ。ショーペンハウアーによると、現象世界は酷い世界で、苦悩に満ちたところとされている。[5]私たちはエゴイスティックな意志を持って生まれてきて、そのために処罰されているというのだ。そして人生の意味の問いとは内的な本質に関するものであり、それは生きる意志であるとしている。つまりショーペンハウアーによると、私たちは私たちであること、エゴイスティックな意志のために苦しむのであり、それが人生の意味であるとしている。しかしもし私たちがもう少し肯定的な人生の意味を見つけ出したいのだとすれば、ショーペンハウアーは私たちは意志を完全に否定するべきだと述べている。つまり意志を静かなものとし、それが機能しないように止めるべきだとしている。そしてもしショーペンハウアーがそれは自殺することかと問われたとしたら、そのことに関しては否定している。なぜなら自殺するということ自体が意志の作用になるからだ。

この考えに近いものとしては、仏教の自己を滅して心を鎮める境地が近いかもしれない。ショーペンハウアーは、人は競争的で、貪欲で、悪人のように振る舞うべきではなく、他人に愛情や親切心を持って接するべきだと説いている。そしてもし私たちがそのことを達成することができたら、その人の生は救済される可能性があるかもしれないとしている。この結論に関しても仏教的な慈悲の心と通じるものがある。また心理学の研究では、私たちの多くは他者との関係やグループに所属することによって人生に意味を見出していることが分かっている。このショーペンハウアーの教えもエゴイスティックに自分の意志を行使するのではなく、周りの人に愛情を持って接することの重要さを説いている。バウマイスターとレアリー[6]は所属欲求を人の持つ基本的な欲求の一つとして取り上げ、他者と安定的な関係性を保つことの大切さを指摘している。つまり他者との関係に人生の意味を感じるのは、ある意味私たちの存在の在り方を端的に表しているのかもしれない。

カミュ

カミュの場合はもう少し複雑だ。彼は人生の中に意味を見出さなかったが、どのように生きていくべきかについては語っている。彼はシーシュポスの神話を引き合いに出して、人生の不条理さを描き出している。世の中はシーシュポスの行為と同様に日々単調で何も生み出さないような行為に満ちていて、私たちはそんな単調な日々を続けることによって自分の生を全うしていくような存在だとカミュは指摘している。この中で悲劇的な要素がさらにあるとすると、シーシュポスが自分の行為の無意味さに気づいているということだ。それでもシーシュポスは立ち上がり、また岩を押し上げ続ける。

カミュは『シーシュポスの神話』の初めに、「真に重大な哲学上の問題はひとつしかない。自殺ということだ。人生が生きるに値するか否かを判断する。これが哲学の根本問題に答えることなのである」と、述べている。[7] つまりこの一連の論考の中でカミュが問題にしていたのは、私たちがどのように生きていくべきかという問題である。カミュはシーシュポスが世の中の不条理さを知りつつも、その罰を全うし続けている姿について、実は人生に勝利をしているのだと指摘している。カミュのいう不条理とは、意味を持たない世界においてその事実を知りつつも生き続けていかなければならない人間の運命のようなものだとしている。人間は世界には絶対的な意味が存在しないことを認識しつつ、それでもそれに抗って生き続けなくてはならない存在だと主張している。つまり神の存在や主観的な意味に頼るのではなく、意味がないと分かりつつも単調な生活を続けることにカミュは価値を置いていた。

ではここでカミュの答えと、トルストイやキェルケゴールが到達した答えを比較してみよう。

トルストイもキェルケゴールも献身的な信仰心の中に人生の意味を見出した。トルストイは深刻に人生の意味について悩み、その存在をかなり疑っていた。教会の在り方にも疑問を抱いていたが、行き着いた答えは迷いを捨てて一途に信じるということであった。一方、カミュは既存の考えにすがるのではなく、この世の中には意味がないのだということを認めつつ、それを自覚したまま懸命に生き続けることが大切だと考えた。

哲学の議論を心理学の研究と重ねてみる

ここでもう一度、第2章の「哲学における議論」で触れたいくつかの立場の違いについて考えてみよう。私たちはその章の中で絶対的な意味の存在について考えた。どの立場に立っても、この世界に永続的に存在する普遍的な意味の存在を見出すのは難しいことに触れた。また主観的、客観的な意味の問題では、多くの場合自分たちが見出す意味は主観に依存していることも見てきた。人間社会を離れ、自然界の法則で考えた時には、意味という現象を介在しない世界が存在しているといえる。そしてその中で私たちは個人的で主観的な意味を持って生きている。カミュはその点での意味も排除して、私たちは不条理の世界で生き続けなければいけないと説いている。一方でトルストイやキェルケゴールが重きを置いたのは、個人が自分の価値によって自分なりの人生の意味を見出すのではなく、客観的にも認められる意味だったのかもしれない。哲学の議論によると、個人の主観に基づかない意味を生み出せるのは神のみであるとされた。創造主である絶対神のみが条件に依存しない意味を与えることができる。そしてトルストイやキェルケゴールは教会には人の意志が関与する余地があり、人の主観が差しはさまれている。つまり宗教への批判を教会や国家に向けることで世俗的な価値づけがされた形での人生の意味を排除し、神への純粋な信仰による意味によって、彼らの見方では絶対と思われる形で意味が存在すると考えようとしたのだった。

では、これらの作家や哲学者の対応を心理学の研究と重ねてみると何を指摘できるだろうか。トルストイやキェルケゴールが求めた絶対的な意味が本当に絶対的で、客観的な意味かどうか評価するのは難しいが、宗教を信じることがどのように人生に意味を生み出すかは心理学での定義をもとに理解することができる。一番重要な点は、神を献身的に信じるということは理解や一貫性をもたらすということだ。神の教えに従うということは、日々何をするべきかという指針を生み出すし、神の教えを絶対だと思うことは迷いがないということであり、自分の人生について理解しているということにつながる。つまり宗教の教えの内容ということではなく、献身的に信じるという行為によって理解と一貫性が生み出されると考えられる。また神を献身的に信じ、自分の人生を捧げることによって、自分の存在の意義も宗教の枠組みの中で生まれる。もし人が疑うことなく何かを信じることができれば、それは心の平穏と人生の意味を生み出すことになる。つまり宗教は絶対的で安定した価値観を提供しているからこそ、世界中でこれだけ影響力を保っているのかもしれない。そして多くの宗教では慈愛の心を説いたり、利己的であることを否定したりすることから、個人個人を社会の枠組みの中で意味づけることにも成功しているのだといえる。

ではカミュのケースも考えてみよう。カミュは絶対的な意味の存在も、個人的な意味の存在も否定し、それでも不条理の世界で人としての運命に抗いながら強く生きていくことを説いた。つまり自分のやっていることに意味を見出すということではなく、いつか自分という存在はいなくなってしまうし、やっていることの意義もなくなってしまうが、そのことを分かりつつもその運命を受け入れて生きていくことの大切さを述べている。多くの社会心理学の理論は、人がそうした不安定の状態で生き続けることの難しさを指摘しており、不条理を意識しながらそれを解消せずに生きていくことは至難の業であるといえよう。多くの人は宗教がもたらす意味や個人的な意味を見出して客観的な無意味さを克服していく。もしくは意味を否定して虚無的に生きる人の場合は、自身の幸福だけを求めて生きていく人もいるかもしれない。カミュは必ずしも快楽主義を推奨しているわけではないが、シーシュポスが岩を押し上げ続けたように、この世界が不条理なものであったとしても私たちは自分たちのなすべきことをして生きていくべきだと考えていた。このカミュの推奨する生き方が難しいことを考えると、彼がこの生き方を成し遂げる人たちをヒーローと考えたのも納得のいくことだ。

哲学的な考察の場合には非論理性をひどく嫌う傾向があるだろう。しかし実際の人の行動を考えると、私たちはいつも論理に従って行動しているわけではなく、直感や感情に基づいて判断したり、時に矛盾した行動をしたりしているのが常である。そして私たちがもし純粋に論理的な存在でないとするならば、論理的な思考に従って意味のあるなしを規定する必要はないのかもしれない。つまり客観的な意味の有無ではなく、私たち個人が主観的に意味を感じているならば、その個人が見出した意味を否定するべきではないといえる。もちろん意味の存在を否定してシニカルに生きることも可能である。その上で論理的に生き、科学的な見方に依拠して行動する人も多くいる。しかし私たちはもっと弱い存在だし、何か自分の存在を肯定してくれるものを探すことを完全には否定しなくても良いのではないだろうか。カミュの提示した生き方も一つの生き方であるし、トルストイやキェルケゴールが見出した答えも一つの生き方である。そして個人個人が持つ人生の意味は、さらに多様なものだろう。

サルトルも宗教的な世界観に依拠せずに生きていくことの大切さを説いた。サルトルもカミュと同様に世界を不条理なものとして捉え、宗教が与えるような絶対的な意味の存在を否定した。しかしその不条理な世界にどう対応するかという点で、カミュとの違いが出てくる。カミュはあえて意味を見出そうとはしなかったのに対し、サルトルは自由意志によって個人的な意味を見つけることが私たちの使命だと考えた。サルトルは外から与えられる意味を否定し、個人が自分の意志で見つけることによって初めて意味は生じるのだとした[8]。

サルトルの有名な主張の一つに次のようなものがある。「この世に神は存在しない。そして神のみが客観的な価値を与えることができる。さらにはこの世に価値は存在する。したがってすべての価値は主観的なものである。」つまり絶対的な意味を与えることができる神が存在しないのに、このように価値があるものが存在することから、人生の意味は個人が見つける主観的なものであるとサルトルは考えた。心理学の研究結果と合わせてみても、この個人的な意味というのは一般的な人が見つけている人生の意味と合致するものである。私たちは自身の自己感に応じたことをしている時に人生に意味を見出しやすいことが分かっている。自分が選び、大切だと思えることをすることが人生に意味を見出す上で重要だということは、多くの研究結果が示唆している。ニーチェも似たような考えを示していて、人生の意味は個人が自由に選び取ることから生まれるものだとしている。心理学では人生の意味を個人が経験している意味として研究しているし、絶対的な意味はきっと存在しないということは本書でも何度も触れてきた。こうした点を踏まえると、サルトルやニーチェが述べているように、人生の意味とはより主観的なもの、もしくは少なくとも主観的な要素を持ったものと考えるのが相応しいだろう。

マルティン・ハイデガーも人生の意味が個人的なものという点に同意し、人生の意味の本質を考えた場合には、自分にとってどのように真の人生を生きることができるかが大切だとしている。[9] それは共同体から与えられた人生ではなく、自分で見つけた人生を生きるということだ。そしてハイデガーにとって、それは自分の先祖から受け継いだ自分らしさを持って生きるということだった。ハイデガーによると、真の自分にあった意味というのは完全に自由に選ぶもののではなく、自分が受け継いだものや過去の経験をもとに見つけるべきものだとしている。

真の自己感に近いことをしている時に人生の意味を感じやすいことがあるという心理学研究の結果については先に触れた。その点で見ると、ハイデガーの真の自己によって人は人生の意味を見出すというのは研究結果に対応するものと考えて良いだろう。しかし他の研究結果で見たように、宗教を通じて人生の意味を感じている人が多くいることや、共同体や社会で役割を担うことによって意味を実感している人も多くいることも事実である。それらのことを考えると、このような社会的な役割で個人的に意味を感じている人を、ハイデガーのように否定して良いのかという疑問も生じる。

もちろん共同体から与えられた価値を否定しないようにするために自己を曲げてそこから与えられる価値を正当化しようとする可能性もあるので、その点を考慮するとハイデガーの指摘する真の自己に沿った意味というのはとても重要なことだ。自己の価値が共同体から要請された役割と合致している場合には問題はないのかもしれないが、それらの間に乖離が起きている場合には、何も考えずに共同体から与えられた価値を受け入れることには注意が必要だ。合致しない価値を抱え続けていると、どこかでその歪みが現れることになるかもしれないからだ。いつの日か自分がやってきたことは、実は自分にとっては本当には重要なことではなかったと感じてしまう可能性があるからだ。その点を考慮すると、意味を自分で選び取ること、また真の自己にあったものを見つけるということは大切なことである。社会に与えられたものに疑問を抱かないで単純にその意味を受け入れてしまうことに危険性があることも、私たちは忘れてはならない。権威主義的な社会のように、与えられた価値観を否定しないで生きると、社会全体が危険な方向性に向かうことを日本人の私たちは経験してきているからだ。

第6章　人生の意味を見つけるために

ここまで、心理学の研究と哲学での議論をもとに人生の意味を見てきた。この章ではもし人生の意味に確信が持てないという人がいたとしたら、どのようにすれば意味を見つけ出すことができるのか考えてみたい。研究の成果についてはいくつか見てきたので、すでにどのようなことが人生の意味に関わってくるかは見当がついているかもしれないが、ここではさらに一歩踏み込んで、これまでの研究成果を解釈したり、違った研究で得られた成果を統合したりすることで、人生の意味を見つけるのにどんなことが役立つのか検討してみよう。

問いを明確にする

心理学の研究を紹介した際に人生の意味の定義について触れたが、人生の意味の問いという大きな問題の中に私たちが迷い込まないためには、何を問題にしているのかを理解していることが大切だ。哲学の中で人生の意味についての議論が深まらなかったのは、その問いの曖昧さにあった。私たちがここで人生の意味の問いとして考えているのは、自分たちがどうして生まれてきたのか、また生まれてきたことに絶対的な意味があるのか、というような普遍的な問題についてではない。物理学的、生物学的観点から考えたら、私たちはきっともっとドライな理由、もしくはいくつもの奇跡や必然の連鎖によって生まれてきたといえる。

カミュやサルトルは、こうした物理的な世界を人間世界とは区別して理解していた。すべての事象に意味や理由があって物事が存在しているわけではなく、物事や生き物は意味を反芻することなくただ存在してきた。そして私たち人間は自分たちのフィルターを通してそれらの物事を知覚し、理解している。人は色々な進化の過程を経て、現在の形態を獲得してきたが、世界はこれからもきっと変わり続けていくであろう。

人間が持っている宿命は、自分の人生を反芻するという認知的な能力を持って生まれてきてしまったことだ。私たちは自分の存在に終わりがあるということを知っているし、自分の存在に絶対的な意味がないということもうすうす知っている。しかしそれでもなお、人生という大きな括りでの意味ではなくても、多くの人は自分たちのしていることにどのような意味があるかを考えて生きている。若い時には私たちはなぜ勉強をしなくてはならないのかと考えたり、成人してからはどのような仕事に就くか、どこに住むのか、など様々なことを考えたりしながら生きていく。そしてなぜ自分たちがその都度選んできたことを選択したのかを後々振り返ってみることがあるだろう。また時には自分の人生に対してもう少し長い期間で考え、自分の人生の意味ということを考えるかもしれない。そしてこのような問題に向き合う時には、私たちが個人としてどのような意味を持って生きていけるかが課題になっている。

では私たちが人生に絶対的な意味がないことを踏まえてできることは、どのようなことだろうか。たとえば人生の意味など考えずに日々の生活を楽しんだり、淡々と生きていったりという快楽的な生き方か、トルストイやキェルケゴールが見出したように宗教などを通じて何か絶対的な意味があると信じていく生き方、またはカミュが述べたように不条理な世界であることを意識しつつもそれを完全に無視するわけではなく、それに抗いながら自分の生活を全うしていくという生き方を選ぶことだろうか。

それらとも異なるもう一つの在り方として、自分の人生を考え、何が自身にとって大切なのか、自分がどういう存在なのかを知り、それらを生きる糧として時折見返し、人生の意味を感じながら歩んでいくという生き方がある。どの生き方をとるにせよ、ある程度意味について考えておくことは、危機的な状況に陥った時に役立つし、もしそうしたことが起きなかったとしても、人生に意味を持っていることは日々の生活に安定感を与えたり、未来へ向けての指針になったりするという利点がある。それらのことを踏まえた上で、ここではそれぞれの人が個人の人生においてどのように意味を見つけ出していけるのかを考えていこう。

ではもう一度、人生の意味の「意味」とはどのようなものなのか、見直してみよう。人生の「意味」という点ではその内容は簡単に変わってしまうようなものではないし、ある一定期間は保持されるべきものである。しかしたとえば家族が多世代家族から核家族が主流なものへと移行したり、会社が終身雇用を前提としていたものから、より流動的な雇用へとその性質を変化させたりしていくように、人が持っている人生の意味も一定の期間を経て変わっていく可能性を持つものとして捉えることができる。若い時に持っていた目標が成人してからも同じであるとは限らない。そしてもし変わってしまったとしても、最初に持っていた若い時の目標が持っていた意味というのは自分が若い時には存在していて、今の自分を作り上げる上では意味があったのだといえる。

また意味が変容してしまうことがあるのと同じで、意味の強さや長さ、質についても違いが表れる。つまり長い期間保持されるような意味の方が短い間存在するものよりも、その人の人生により大きな影響を持つと考えられる。心理学の研究では主観的に持っている意味が数量的に測られることからも分かるように、それぞれの人が感じる意味の強度や感じる期間の長さには違いがあるといえる。

では人生の意味について具体的に考えるには、どうしたら良いのだろうか。一番良い方法は、人生の意味を三つの定義をもとに考えることである。人生に意味があるとは、自分の存在を重要で意義があるものだと感じること、自分がしていることや存在に一貫性があり、そのことを理解していると感じること、また目的として人生に生きがいをもたらすようなことを持っていることとして定義されてきた。これら三つの要素すべてが必ずしも意味をもたらすために必要だというわけではなく、そのうちの一つによって意味が見出されることもあるだろう。しかし上記で述べたように、人生の意味とはそれがあるかないかというだけではなく、どのくらい感じているかという程度の問題として考えることができる。つまりもしこれら三つの要素がすべて揃っていたら、そこで感じられる意味というのはより強いものだといえる。もし自分のしていることに一貫性を感じて、自分の存在に強い意義を感じ、また目標を持って生きているとしたら、そこから感じる意味というのはより強いものだろう。

それぞれがどのように私たちに意味をもたらすのかということについては、心理学の研究結果ですでに触れたが、もし何か喪失感を感じたり、やる気が起きないような時には、何か自分に価値があると思えるようなことをしてみたり、毎日自分が一貫して行っていることの意味を考えて、自分の生活をもう一度理解してみようとしたり、また何か目標となるものを見つけたりすることが手助けになる。意味がないと感じた時には、何か抽象的なことを考えたり、大きな絶対的な意味を探したりするのではなく、具体的に日々の生活で自分がすでにしていることをもう一度見返してみたり、何か小さなものでも良いので身近な目標を持つことだけでも、何らかの意味を感じることができるだろう。たとえば何かボランティアをして人の役に立ったりした場合には、自分の存在により強い意義を感じることができるかもしれない。また毎日通勤して会社に行くことを何のためにしているのかと考えることで、自分の会社での立場や家族との関係について理解し、自分の存在についてより確かな答えを見つけることができるかもしれない。また自分の目標を考えることによって、日々の生活により強い充足感を得ることができるだろう。人生の意味を見つけることとは、実はすでに存在しているものを見つける作業であることが多々ある。こうしたそれぞれの小さな意味が持続することによって、それらがさらに大きな意味になり、そこから強い意義を感じることになるだろう。もし物事が上手くいっている時には、抽象的なことに思いを巡らせたり、深い思索に時間を費やしたりすることも良いかもしれないが、自分が何かを見失っていると感じる時には、これら三つの心理学の定義をもとに、具体的に人生の意味について考えることが役立つだろう。

ではこれら三つの定義の中で、どれが一番意味を見出すのに役立つのだろうか。そのことを直接調査した研究があるので、その結果を見てみよう。コスティンとヴィニョール[1]はこの三つの側面を測定するための質問紙を用いて、これらの側面が人生の意味を見出すのにどのように関与しているかを、一カ月後の追跡調査も加えた研究として調べている。それぞれの質問項目を表2にまとめた。

実際の項目を見て分かるように、それぞれの側面により焦点を当てた形の人生の意味と、それらには特化していない総体的な形での意味の両方について、この研究では測定を行っている。また信頼性を高めるために、大学生と一般成人を対象に調査を行い、同じ結果が得られるのかということも検討している。この研究で鍵となるのは、一カ月後の追跡調査で、目的を持っているか、意味を理解しているか、または意義を感じているかというそれぞれの側面の中で、どのような意味が一カ月後に人生の意味を感じていることに強く関係しているかを調べたことで

表2　人生の意味の3要因の調査項目（Costin & Vignoles 2020 から作成）

一貫性、理解
人生で起こったことを理解することができる。 自分の人生を全体的に見渡してみると、起こった出来事が明快に見える。 人生で起こった出来事を理解することができない。（反転項目） 自分の人生は何だか関連性のない出来事の連続のようだ。（反転項目）
目的
人生で自分が何を達成しようとしているのか理解している。 自分を前へと突き進ませるような目標を持っている。 自分が何を達成しようとしているのか分からない。（反転項目） 自分を前へと突き動かすような目標を持っていない。（反転項目）
意義深さ
自分が存在したということは宇宙的な観点で見ても意義がある。 宇宙がどれだけ大きかったとしても、自分の人生には意味があったといえる。 大きな視点で見れば、自分の存在は意義のないものだ。（反転項目） 宇宙の大きさを考えると、自分の人生など意味のないものだ。（反転項目）
総体的な意味
自分の人生は総体的にみて意味がある。 自分の全体的な存在には大いに意味がある。 自分の存在には意味がない。（反転項目） 自分の存在の意味は空っぽだ。（反転項目）

ある。

　まず初めに、それぞれの側面での人生の意味は一カ月後の同じ側面での意味にそのまま関係していることが分かった。つまり最初に目的があると感じている人は、一カ月後でも目的を持っていると感じていた。また同様に自分の人生を理解していると思った人は、一カ月後も人生を理解していると感じ、自分の存在に意義があると感じていた人は、一カ月後も意義があると感じていた。

　そしてこの研究で一番興味深い結果は、この三つの側面のうち、意義を感じているということのみが一カ月後に総体的な点での人生の意味に関係していたことだった。その一方で目的を持っていることや人生を理解していると感じていることは、一カ月後に総体的な人生の意味を感じていることとは関連が見られなかった。また最初に総体的な意味を感じていることは、一カ月後に測定されたそれぞれの側面の意味とは一定した関連は見られなかった。これらの結果を総合すると、自分の存在を意義のあるものだと感じることが、自分の人生に意味を感じることにつながるということだ。先ほども例を挙げたが、もしボランティアなどをして自分の存在に意義を感じられたとしたら、そこから自分の人生に意味があると実感することにつながると考えられる。人がどのようなことで人生に意味を見出しているのかを検討した際に、多くの人が他者との関係で人生の意味を見出していた。つまり他者という第三者がいることによって自分の意義を感じ取りやすくなるのだろう。これは重要な点なので、次の項でより詳しく取り上げる。

ただここで注意しておきたいのは、この調査の結果が示しているのはすべての人が自分の存在の意義という点で意味を感じる必要があるというわけではなく、自分の意義を考えることがより人生の意味を見出すのにつながりやすいということである。私たちはもちろん一貫性のあることをすることで意味を見つけても良いし、目標に向かうことによって意味を感じても良い。人生の意味については個人差も大きく関わってくるものだからだ。

関係性を求める

　上記で私たちは、人生の意味を主観的に求められることを見てきた。主観的幸福感と同じように、自分の人生に意味を感じていると思うことができれば、その人は人生に意味があると感じているといえる。もし他の人がそのことに同意しないとしても、本人が感じている意味はその時には生じているからだ。しかし私たちは人生の意味を一かゼロかの二元論で捉えているのではなく、その強さや頻度には程度の差があると考えている。つまり主観的な意味も、客観的な保証を得ることによって、より強固な意味になるといえる。

　自分がしていることが本人のためにしかならないよりも、そのことが他の人のためにも役立っていたとしたら、自分の存在意義はより強くなるだろう。マザー・テレサは他の数多くの人の役に立っていたが、本人自身もその意義を認めていたら、彼女の人生はより意味のあるものとなる。また哲学の議論での例として、唾を遠くに飛ばすことに意義を見出していた男の場合について考えた。この種の意味は他の人からその意義が認められない可能性が高いことから、その意味は本人の主観に頼らざるを得なくなる可能性が高い。もしその男がある時不意に自分のしていることを馬鹿らしく感じて、その行為の意味を失ってしまったら、そこに生じていた意味はその後にはなくなってしまう。反対に、マザー・テレサがもし自分の慈善行為の意義を感じなくなってしまったとしても、彼女の存在やしてきたことは他の人にとっては大きな意味があるだろう。つまり客観的な視点が加わる余地のある人生の方が、より確かな人生の意味を生み出すといえる。

人がどのように人生の意味を見つけているのかを探った研究で、他者との関係が人生に意味をもたらすものとして主要なものであることを見てきた。家族や友人など大切な人がいると思えることで、自分の人生に意味を感じたり、また自分の存在がそれらの人にとって大切だと思えたりすることによって、私たちは自分の人生に意味を感じている。またグループに所属することが、人生の意味に強く関係していることも指摘されている。所属意識を持つことによって自分の存在や役割について理解が進むし、自分がそのグループの役に立っていると考えられれば、自分の存在の意義を感じることもできる。またグループのメンバーが同じ目標に向かって進んでいるとすれば、そこに目標を通じた生きがいを感じることもできる。つまりグループに所属することは三つの意味それぞれで、人生の意味に関係することが可能である。

マルテラら[2]の研究では、自分の自律性や他者との関係性などを含めてどのような欲求を満たしていることが人生の意味や幸福感に関連しているのかをアメリカ人を対象に調べていて、他者との関係性の欲求を満たすことが、人生に目的や意義を感じることに関係していることを明らかにした。アメリカは個人主義の社会として捉えられることが多いが、それでも多くの成功した事業家やスポーツ選手などは、その後慈善事業に関わる例などが多くあり、成功しただけでは満足せずに他者の役に立とうと志すことがある。こうした例は、自分の人生をさらに意味のあるものにしようとする心の表れなのかもしれない。

では他者との関係が人生の意味に大きく関わっている理由について、もう少し詳しく見てみよう。一番大きな要因として考えられるのは、他者との関係に意味を求めることによって客観性が生まれることだろう。何に人生の意味を見出すのかを探った研究で一番多く挙げられていたのは家族との関係で、その次は友人との関係であった。もしそれらの人と良い関係を築けていたら、自分の存在がそれらの人にも意義のあるものだと感じられるだろう。またこれら他の人の反応を見ることによって自分の存在の意義を目に見える形で感じるともいえよう。そして他者との関係でもう一つユニークな特徴としては、その関係性が双方向になりえることだ。たとえば、先に挙げたように自分の存在が他者に意義のあるものだと感じることによって人生に意味を感じることもあるが、それとは反対に他者の存在が自分にとって大切だと思い、その人のために生きようとすることで自分の生きがいを見つけることもあるだろう。つまり他者との関係に意味を見出すことは重層的な形で意味を生み出すことにつながる。

また他の理由として考えられるのは、他者との関係によって自分の存在が明確に規定されることだ。たとえば自分に子供が生まれたとして、父親や母親であるという役割を認識することによって、自分の存在や人生についての理解がより深まることがある。また会社や学校などグループ内で役割があることによって、自分についてより理解することもあるだろう。つまり他者との関係やグループに所属することによって自分の人生について理解をしたり一貫性が高まったりするのだ。家族とのやりとりは単調なものかもしれないが、その中には一貫性があり、自分の生活や人生がどんなものかといったことへの理解を助ける。会社への通勤や上司や同僚とのやりとりも生活にリズムを作り、その安定性は自分の人生がどんなものなのか理解するのに役立つはずだ。人はこうした安定性や一貫性を人生の意味の理由とは挙げないかもしれないが、こうした日々繰り返し行われる行為というのは、実は人生の意味への理解に大きく貢献している。日常のルーティンが人生に意味をもたらすことがあるのをハインツェルマンとキング[3]の研究結果で見てきた。

第3章でも取り上げたランバートら[4]のグループへの所属意識と人生の意味の関連を調べた研究では、その関係性の説明として集団への所属意識が生活に枠組みがあるといった感覚を生み出すことや、そのために不確かさが下がるためだと指摘していた。このように一貫性や理解というのは人生の意味を感じることの大きな要因であることは間違いないだろう。またランバートらの他の面白い説明としては、何か自分より大きなものに属しているという感覚は、自分の生の限界を超えて自分が存在しているという感覚をもたらすので、自分の存在の意義が高まるのではないかというものである。つまり私たちの人生が終わってしまったとしても、自分が何か大きなものの一部であったとしたら、その大きなもの（たとえば日本人であること）が存在するうちは、自分の一部も存在しているという感覚が暗黙に生まれる。このように色々な理由で人との関係性に利点があることからも、人との関係性やグループに所属することは意味を見つけたり、深めたりすることの大きな要因だといえるだろう。

自己を知る

自己を知るということは人生の意味につながることを、研究の成果をもとに見てきた。真の自分を知ったり、自分のアイデンティティを見つけたりすることは、ある意味では自分の人生の意味を知ることと同義であるといえる。極端な例でいうと、サルトルは意味を自分の自由意志でつかみ取るものだと主張した。このように人生の意味を主観的なものとして考えると、人生の意味とはとても個人的なものといえる。マザー・テレサがどれだけ多くの人を助けていたとしても、本人がそのことに意味を見出していなかったとしたら、それは彼女の人生にとっては意味のないことになってしまうだろう。子供が親に決められたことだけをして、それが色々な人の役に立っていたとしても、その子供が自分の人生を顧みた時に意味を見出さないことはあり得ることだ。つまり人に役立つという行為が、本人にとっても重要であったり、本人の自己に見合ったものであったりすることが、人生に意味を見出すという点では大切な要素となる。それが価値観と人生の意味の違いといえるかもしれない。

人に役立つことに価値を見出す人は多いが、ある人はそのことに同時に自分の人生の意味を見出す一方で、他の人はそのことを社会にとって大切だという点では価値を置くかもしれないが、個人的な人生の意味としては捉えないかもしれない。つまり自分が大切だと思うことが、自分自身の個性や能力にあっていると思えることが重要な要素となってくる。別の言い方をすれば、人生の意味を見つけるということは、自分のことを知り、自分がやりたいと思うこと、重要だと思うことを見つけることといえるだろう。近年では、若者に対してやりたいことを見つけることを奨励することが多々あるが、若者だけではなく、その問いに対してすぐに答えを出せる人はそれほど多くないかもしれない。もし自分にはやりたいことがあると言えたとしても、それが一番やりたいことかと訊かれた時には、すぐにそうだと答えるのはなかなか難しいことだ。そして人生の意味と訊かれた場合にはなおさらだ。それが本当に自分のやりたいことなのか、自分に合ったことなのかは、時間をかけないと答えの出ないものだ。ではどうしたら自分自身についてより良く知ることができるのか、どのようにして自分のやりたいことを見つけることができるのかを考えてみよう。

シュレーゲルら[5]の研究では、真の自己を身近な人にだけ見せる自分の側面として捉えていた。ある人は外向的な性格を持っていて、身近な人でも新しく知り合った人でも分け隔てなく自分をさらけ出すかもしれないが、ある人は外では必要に迫られて話をよくするが、身近な人の前では無理に話をしないということもあるだろう。この点を考慮すると、まずは身近な人の前で自分がどのように振る舞っているのかを振り返ってみることは一つの手かもしれない。

近年ではビッグファイブと言って、五つの大きな性格特性で性格を測定することが多いが、人の性格はそれだけで理解されるものではなく、それらのコンビネーションによって違ってくるし、その五つの特性の中でもさらなる分類があったり、どんな場面においても一貫した行動をする人がいる一方で、それぞれの場面で違う側面を出したりする人がいるなど、私たちの実際の行動には色々な要因が関わっている。つまり身近な人の前と他の人の前であまり変わらない人もいるし、それぞれの場面で大きく変わる人もいる。これらのことを考えると、性格検査によって自分を理解しようとするだけではなく、それぞれの場面でどのように自分が振る舞うかを知ることは、自分を理解する上で大きく役に立つ。またシュレーゲルらが行っているように、どれだけ早くその特性が頭に浮かぶかということによって、意識的にはコントロールできない側面について測定することも可能だ。このように真の自己を探すといった抽象的なレベルのことでも、より具体的な方法を用いれば手がかりがつかめるかもしれない。

心理学の研究では、未来の行動を予測するのに有効な一つの指標として、過去の行動が挙げられている。[6] たとえばアイゼンとマデン[7]の研究では、大学生の授業の出席率に関して、前半8回の授業と後半8回の授業の出席率を調べたところ、0・46の相関を得ている。つまりよく授業に出席する学生はその傾向をある程度保っていることが分かる。このように人の行動にはある程度の一貫性がある。また単純に考えれば、人の行動は本人の特性の表れだ。つまり授業に出ることを大切に思い、それを真面目に遂行する学生がいる一方で、授業をさぼっても構わないと考える学生や自分を律することのできない学生もいる。すなわち過去の行動は未来の行動を知る上で一つの手がかりになる。自分が頻繁に繰り返す行動から自分のことを知ろうとするのも一つのやり方だろう。行動はより具体的な指標であるし、自分の頭の中で考えただけのことではないので、より客観性が高いといえる。

しかし行動は自分の環境や状況が安定しているためにその行動が繰り返されているかもしれないので、自分らしさとして考える場合には注意して考える必要がある。たとえば朝一定の時間に起きて学校や会社に向かう行動は、個人の特性というよりも、その状況によって起こされている行動でもある。もっとも、子供には通学時間に選択の余地はないが、大人の場合はもし本当にその通勤が苦痛ならば、自分に合った時間の使い方ができる仕事を選ぶかもしれないので、状況だけによって起こされたものだとは必ずしもいえない。また休みの日の時間の使い方により自分の特徴が表れるともいえるので、休みの日の過ごし方を見ると自分の傾向がより把握できるともいえるだろう。

またこれは少し古典的なやり方ではあるが、日記をつけるなど文章を書くことも自分を理解するのに役立つ。心理学の有名な研究で、自分が経験した過去のトラウマになるような出来事について書くと、長期的にはメンタルや体の健康が改善することが分かっている。[8] ペネベーカーとビール[9]の研究では、実験群に過去に起こったトラウマを生じさせるような出来事について一日15分、計4日間書いてもらい、統制群には同じ期間、日常の些細な出来事について書いてもらうという実験を行った。結果ではトラウマに関わることについて書くことで短期的にはネガティブな感情が高くなりはしたが、時間が経つにつれて感情や健康の指標などが改善することが分かった。たとえば、実験群の学生の方が統制群の学生よりも、病院に行く回数が少なくなっていたり、良い気分を維持していたり、免疫力が高まっていたり、また学校での成績が上がったりしているなど、様々な良い影響が認められた。

ではどうして、このように心にとっては重苦しい出来事を書くことによって健康面での改善が見られるのだろうか。理由については、いくつかの説明がなされている。まず初めに実際にその出来事に焦点を当て、それを文章にすることによってその出来事を違った見方で捉え直すことができることが指摘されている。文章にするということは、それを誰かに伝えるということでもあり、物語として構築され、新たな気づきが生まれるというのだ。たとえば、災害などで生存した人が罪悪感を経験することが分かっているが、文章にすることによって自分が災害を起こしたわけではなく、そのような感情を持つ必要がないことを理解することがある。つまり起承転結を伴った文章にすることで、災害が起きたのは自然現象で、自分の行動によって生じた現象ではないという気づきがあったり、他に自分にはできることがなかったという思いに至ったりすることがあるとされる。ペネベーカーは、文章にする際に原因や洞察に関わる言葉を多く使う人ほど、書くことによる利益が大きく生じるとも指摘している。つまり物語を構築しようとするには、ストーリーがつながっていなければならない。前のイベントからどのように次のイベントが生じたのかを書くことによって、どうしてそのような結果が訪れたのかという気づきにつながるといえる。

またマカダムス[10]は、物語を描くことがアイデンティティの理解に有用なことを指摘している。その理由としてはトラウマライティングと似たようなものではあるが、自分について書くことによって自分に関連したことを統合して理解することができるし、また物語にすることで時系列による変化について気づいたり、自分への理解を再構築できたりすると述べている。

このように書くことというのは、人生の意味を探すプロセスに似ている。私たちの人生は一つや二つのことで表現されるものではなく、いくつもの出来事の総体として成り立っている。そしてそれらを記述していく中で、一番大切な出来事や、一貫して表れてくる特徴などが物語の中で見出されると考えられる。私たちの人生の意味も同様に、家族との関係や仕事など、いくつも人生に意味を与えるようなことがあるが、その中でもより一貫性があることや、より重要な意味というものが、物語にすることによって見つけ出すことができる。私たちは人生の中で何度か大きな選択を迫られる時がある。もしいくつかの選択肢の中から何か一つを選び取らなくてはならない状況が生じたとしたら、何が自分にとって一番意味があるのかを理解しておくのは大切なことだ。この点で自分について書くということは、多くの側面を統合する形で自分を理解することになり、自分の人生の意味を理解するのにも有益だといえよう。

では最後に、もう一つ違う観点から自己の理解を促すことについて考えてみよう。マッケンジーとバウマイスター[11]は、人生の意味に基礎となるものとして四つの欲求を挙げていて、その中の一つに自己効力感を挙げている。自分の目標や壁となるようなチャレンジに対して、自分がその目標を達成できるという感覚を持つことや困難を解決できると思えることは、自分に価値を感じることにつながり、さらにそれが人生に意味を感じることにもつながるとしている。心理学では自己効力感について数多くの研究がなされているが、自分がどんな時にその能力を発揮し、有効な存在でいられるかを理解することは自己の理解につながるといえる。

バンデューラ[12]は、すべての状況に当てはまるような一般的な効力感を想定することは現実的ではないと述べている。たとえば会社では優秀な社員だったとしても、家に帰ると家事や子育てでは全く役に立たない人もいるし、学業ができる学生がスポーツもできるとは限らない。つまり人はそれぞれ特定の場面でその人の真価を発揮すると想定する方が現実的である。そこで自分がどのような状況で能力を発揮しやすいかを理解することは、自分自身の特性を理解することにもつながるといえるだろう。若い時には自分のやりたいことを将来のために見つけるべきだと推奨されるが、なかなか自分が本当にやりたいことを見つけることは難しいことだ。そのような場合には自分がどんな時に能力を発揮しやすいかを考えた方が具体的で分かりやすい。自分は体を使うことが得意なのか、アイディアを考えることが得意なのか、また対人関係で能力を発揮しやすいのかなど、過去の行動を見て自分の得意なことを知ることは、自分とは一体何者なのだろうと抽象的に考えるよりも少しばかりたやすい作業だといえるだろう。

もし自尊感情が低くて、自分には得意なことなどないと考える人がいたら、自分がこれまでしてきたことの中で、どんなことがよりストレスを感じずに行うことができたのかを考えることも助けになる。何かを継続してこなすことができたのなら、それは自分の特徴の一つだろう。また他の点で見ると、たとえば自分に与えられた課題が簡単すぎると退屈だと思ってしまうし、逆に難しすぎる場合には不安を感じてしまうなど、自分に見合ったレベルの課題に取り組むことが、より集中した状態で雑念のないフローの体験ができるとされている[13]。つまり今までストレスを感じずに集中して行えたような課題があったとしたら、それが自分の特性に合った課題なのかもしれない。ある人はグループで働いている時に楽しんでストレスもなく働けると感じるかもしれないし、ある人は個人で課題に取り組んだ方がスムーズに働けると感じるかもしれない。また解決策がすぐには分からないような課題を好む人もいれば、計算などより明確に結果が分かる仕事を好む人もいるだろう。このように自分がその課題に対して有効だと感じられたり、ストレスを感じずにスムーズに仕事ができたりしたという過去の状況を理解することは、自己を理解することの役に立つし、そのような課題を自分の目標に設定した時により自分の人生に意味を感じることができるかもしれない。自分を知るというのはとても難しいことではあるが、もし自分のことが理解できないと感じる時には、違った側面からこの問題を考えることで、何らかの手がかりがつかめるだろう。

目的の問題に置き換える

人生の目的は、人生の意味を定義づける上で一つの大きな核であることを見てきた。また哲学では人生の意味への問いが何の問いであるのか不明確なために、長い間主要な課題として扱われてこなかった。つまり人生の意味と大きく考えた場合には、問い自体が抽象的すぎたり、その問い自体が重すぎたりするために思考が停止してしまうという問題がある。もし人生の意味という問いを考えるのが難しかったら、人生の目的としてこの問題を捉えた方がより取り組みやすいといえる。自分の目標やゴールを探す方が、人生の意味について考えるよりも明確で取り扱いやすい問題だろう。ここでは目的の問題を考える上で、いくつか鍵となることについて考えてみたい。

カーヴァーとシャイアー[14]は、目的やゴールの重要さを強調しており、生命が続くためにはゴールが必要であり、ゴールへの関与なしには命は止まってしまうとまで述べている。これは人生の目的といった大きな意味でのゴールに限ったものではなく、私たちの生活には成し遂げられねばならないゴールが絶えず存在していることも指している。毎日の生活の中で、食事の材料を調達して食事の準備をするというのもゴールの一つであり、植物とは違って動物である私たちは、絶えず動いて生命を維持するためにいくつものゴールを達成しなければならない。

カーヴァーとシャイアーはゴールにはいくつものレベルがあるとして、一番高いレベルではゴールはより抽象的なものであり、アイデンティティと同レベルなものだとしている。たとえば他人の役に立ちたいとか、社会の役に立つ人でありたいという目的はより高次のレベルのゴールであり、より抽象的なものである。つまり人の役に立つには様々なやり方があり、誰の役に立ちたいのかなど、そのゴールを達成するために数限りない選択肢がある。もしこれをもう少し具体的なものにするとしたら、家族や身近な人の役に立ちたいとか、自分のコミュニティのために役に立ちたいなど、条件を狭めることによってゴールを限定することができる。そしてこうしたゴールは階層構造になっているので、より具体的で低次元のゴールは、より抽象的で高次元のゴールの下に配置され、具体的なゴールを満足させることは、より上位に存在する抽象的なゴールを満足させることにもなる。たとえば、健康でいたいという高次元のゴールがあるとすると、それより具体的な低いレベルのゴールには、健康的な食事をするとか、毎日エクササイズをするなどいくつか違った具体的なゴールが存在している。つまりそれらの行動に従事するだけでも、上位に存在する健康でいるというゴールをある程度満足させていることが分かる。

このように抽象的なゴールだけではなくて具体的な目標を持つことによって、私たちは日々何をすれば良いのかを理解することにもなる。健康でいたいというだけでは、何をどうしたら良いか分からないが、エクササイズをするということをゴールに掲げれば、何をすれば良いか分かるし、週に三日それぞれ一時間ジムに通うと決めれば、さらに具体的なゴールになり、すぐに行動に移すことができる。そしてゴールを決めることの効用としては、一度そのゴールを決めてしまえば、そのゴールに対して毎回意識的に考える必要がなくなり、ゴールが習慣となり、頭の中で自動化されることだ。つまり月曜日になれば考えるまでもなく、時間になるとジムに行きエクササイズをするようになる。そしてもしその時間にエクササイズできなかった場合には、何か心地悪さを感じ、次回へのモチベーションが高まったりする。このように具体的なゴールを持つことの効用は数多くある。人生の意味の定義の一つが一貫性や理解に関わるものだったように、具体的なゴールを見つけることは日々の生活に一貫性を生み出すし、日々何をすれば良いのかということの理解を促すだろう。

しかし、具体的なゴールを人生の意味や目的といったレベルで考えて良いかはまた別の話になる。多くの人は自分の人生の目的を、エクササイズすることとは考えないだろう。しかしそれをもう少し上位のレベルで考えた場合には、健やかに人生を全うしたいなど、大きな長いスパンでの目標として捉えることができる。つまり目標やゴールを階層構造で考えると、長期的な人生の目標にもつながるし、具体的にどのような行動をしたら良いかも分かるなど、その効用はより明確になる。

また目標の他の効用としては、モチベーションや生きがいを生み出すことがある。生きがいというのは日本語に特有な言葉で、Ikigaiとして英語の論文でも使われている[15]。私たちは目標や生きがいを持つことによって、人生に充足感を得ているともいえる。たとえば看護師は患者を手伝って感謝された時に生きがいを感じ、また次の日も患者のために働こうと考えるかもしれない。私たちは目標や生きがいを持つことによって、ただ日々の仕事や生活をこなすだけでは得られない充足感を得ることができるし、生きていこうというモチベーションが上がる。

しかし目標やゴールというのは、そのレベルや大切さが変動するものであり、それに伴うモチベーションも同様に変動すると考えられる。たとえばアスリートがオリンピックに出るという目標を持っていたとすると、その前にある練習や試合ではモチベーションがかなり高いものとなるが、オリンピックが終わってしまえば、練習や試合へのモチベーションは下がるだろう。またこのように競技によってモチベーションを得ている選手は競技から引退してしまえば、また新たな目標を探さなくてはならなくなる。このように目標の種類によっては、目標を探し続けなくてはならないこともある。一方で、料理人が日々おいしいものを提供したいと考えたり、教師が生徒の日々の成長のために尽くしたいと考えたりするように、持続するような日々の目標というのもあるだろう。このようにどのような目標やゴールを選ぶかによって、その質やモチベーションのレベルも大きく変わってくる。

また目標をモチベーションの問題として考える時には、内発的な動機なのか外発的な動機なのかという形で区別することもできる。内発的動機づけの場合には、たとえばテニスをするのはテニスが好きだからプレイするというように、行為自体がその目的となっている。一方で外発的に動機づけられている場合には、テニスをするのは将来プロになってお金を稼ぐためなど、その行為は他のものを得るための二次的な動機として捉えられる。どちらもその行為を行うモチベーションを高めるが、内発的か外発的かでその持続性も変わってくる。たとえばピアノを弾くことが好きな人は、お金をもらわなくても時間を見つけてはピアノを弾くだろうし、仕事をしている時も週末にピアノが弾けることを楽しみにするだろう。つまり内発的に動機づけられた目標は長く持続するものだといえる。

心理学の有名な研究として、すでに内発的に動機づけられていることがあったとしたら、その行為に外発的な動機をさらに与えたとすると、かえってその行為をするモチベーションが下がってしまうことがあると指摘されている[16]。その良い例が子供の遊びで、子供は遊びたいから遊ぶのであり、何か他のもののために遊ぶのではない。たとえば子供が野球をするのが好きだったとして、もし親が試合に勝つたびに何か（ゲームを買ってあげるなどの）ご褒美をあげていたとしたら、子供はそのうちにゲームを買ってもらうために野球をするようになり、野球そのものへのモチベーションは下がってしまうことになる。また内発的に動機づけされるようなことは、その本人の特性と合ったことでもある。つまり内発的に動機づけられるような目標を探すことは、より人生の意味に沿った目標であるといえるだろう。自己との関連でも触れたが、自分のことを知り、自分のやりたいことを見つけることは、人生の意味に大きく関わっており、自分のことを理解することは、私たちが生きていく上で大きな課題となっている。

重層的な意味

ではこの章の最後に、どのようにしたら意味をより持続的で強いものにできるのかを考えてみよう。人生の意味を一つのことに固執することによってより強固なものにできるという考え方もあるかもしれないが、そこにはある種の危うさが含まれている。もし誰かが仕事にだけ生きがいを感じていたとして、もしその仕事を失ってしまったら、そこにあった意味は失われてしまう。そしてそれをきっかけにして生きる意味も失ってしまう可能性もある。しかしもし仕事以外にも、家族との時間に生きがいを感じていたとしたら、仕事の喪失によって生じる人生の危機はより少ないだろう。一つのことに集中することによってそこにある意味の強さは増すかもしれないが、人生として考えた場合には、そもそも人生の意味を一つのことに単純化することはかなり難しいともいえる。私たちは他の人と共に生き、他の人が捉える私たちの人生、または他の人と共有する人生の意味というのもある。また自分のことだけに集中する人生の意味というのは、その意味の客観性もより少ないものになってしまう。

もし自分の存在が他の人にとっても意味のある存在だとしたら、自分が自身についての意味を失ってしまった時でも、他の人はその存在を大切だと思ってくれるかもしれない。つまり主観的な意味を失ってしまった時でも、このように客観的な意味が存在する場合には完全に意味が失われるわけではない。多くの表現者やスポーツ選手が、誰かのために演技やプレイをしていると考えるのは、実は暗黙裡にこのことを理解しているからかもしれない。個人的な意味では虚しさを感じてしまうので、誰かのために何かをすると考えることによって意味を重層的に補填しているのだともいえる。また他者との関係に意味を求めると、人生の意味を双方向で確認することができる。私たちは他者のために生きると考えることによって自分の人生の意味を見出すし、その親密な他者が私たちの存在を意味のあるものだと思ってくれる。このように対人関係を持つことによって、双方向の意味が見出される可能性が生まれる。

また人生の意味がグループへの所属意識によってもたらされることについても見てきた。自分よりも大きなものの一部であることによって自分の存在が未来により長く続くと感じることができるし、グループでの役割によって自分の存在を理解することもできる。これらの要素を総括すると、より少ないグループに所属していたり、所属しているグループが小さくてより限定されたものであったりする場合には、そこで生み出される意味も限定されたものになるかもしれない。もちろん限定された小さなグループに所属することによってそこでの関係性はより密なものであったり、そこで見出される意味も強いものであったりするだろうが、先にも述べたようにもしそこでの関係性が壊れてしまった場合には、そこで生じていた意味も失われてしまうことになる。また小さなグループはいつ消え去ってしまうか分からない。それらのことを考慮すると、より多くのグループに関わったり、大きなグループに所属していたりすることは、失われにくい意味を作り出すことの手助けになるといえる。

もちろん多くのグループに所属しすぎて、それぞれのグループへの帰属意識が希薄なものであっては意味がない。その点ではバランスを考えることが大切である。またそれぞれのグループが質的に異なるものであれば、その重要さがお互いに干渉することはないだろう。たとえば職場への帰属意識と、趣味で集まるグループ、家族との親密さなどは、それぞれ質や意味の違ったものであり、すべてをバランスよく大切にすることは可能であろう。日本では仕事と趣味や家族との時間のバランスをとることが難しく問題視されているが、アメリカでは家族との時間を大切にする人も多く、仕事と家族との時間が必ずしも二律背反するものではない。このように考えると、仕事や趣味、家族との時間などすべての大切さが社会で共有されることが大事なことではないだろうか。

また人生の目的で、目標やゴールが階層構造として存在することについて考えた。このように短期的で直接的なゴールも未来や抽象的な目標につながるようにすることは人生の意味を考える上で大切なことだ。アメリカでは子供の時から、たとえば所属しているスポーツチームの遠征費を稼ぐために、クッキーを売ったり車を洗ったりするなどして、自分で物事を成し遂げていく機会を学んでいく。こうした活動によって、直接的にはチームが遠征に行けたり、間接的、将来的にはこうした活動を通して色々なスキルを学んだりできるなど、一つの具体的なゴールが未来にもつながっているように見える。私たちはこのように日々将来のための備えや、人のためになるような行為を積み重ねて生きている。こうした行為は日々の充足感をもたらすだけではなく、その積み重ねによってより大きな意味も生み出される。日々会社での役割を果たすことによって、自分が会社や社会のために役立っているというより大きな意味を感じることもあるだろう。つまり日々の小さな目的は、大きな人生の意味につながっている可能性もあり、階層的に目的を考えることは大切なことだ。

私たちがもし人生の意味とは何かと訊ねられた場合には、一つや二つのことで説明しようとすることが多いかもしれないが、実際には自分の存在の意味を感じるには、ここで触れたように多くの事柄が関わっている。もちろん自分の人生の意味は一つのことで決まっていると強く感じても悪いことではないが、もし何かに行き詰まった時には、このように違った観点から人生の意味を考えてみるのも良いだろう。主観的な要素が含まれているものに、絶対的な正解はないのだから。

第7章　まとめ――人生の意味を問うということ

人生の意味について心理学の研究の成果をもとに見てきた。そして時には哲学者や文学者の問いを交えてこの問題について考察した。では人生の意味の「意味」とは、一体どのようなものなのだろうか。ここまで見てきたすべてのことを踏まえて、もう一度まとめてみよう。

人生の意味に絶対的な意味は存在しないことについては何度か触れてきた。はたして本当にそのように結論づけて良いのだろうか。私たちの存在の意味というのは主観的なもの、または他の人の存在によってある種の客観性が与えられるだけのものなのだろうか。

まず初めに、意味というのは、その意味を問う存在がいることによって生じるというのは確かなことだろう。他の動植物は自分の存在の意義について問うことはせずに存在していると仮定して良いだろう。そしてそのように自然に、それぞれの存在を全うすることは妥当なことだといえる。植物たちは時には他の生物の力を借りて繁殖を繰り返す受動的な存在として進化をしてきた。そして人は脳が発達したことによって多くの可能性を広げ、世界中の広範囲にわたる地域に生息してきたが、その大きくなった脳を持った代償として、私たちは必要以上に多くのことを考えて生きている。

私たちは、考えることによって長期的な視野を持ち、いくつもの問題を解決してきたし、過去の記憶も人であることの大切な一部である。しかし私たちが考える存在であるため、人生の意味の問題が生じた。つまり人生の意味を考えるという行為は、ごく自然な私たちの在り方なのである。主観を含んだ主体者がいることによって人生の意味の問題が生じるのであって、絶対的な意味を想定することにはやはり無理があるといって良いだろう。

それでは、人生の意味とは完全に個人の主観によるものなのだろうか。私たちは他者にも共有されるような、より客観的な要素を持った人生の意味についても考察した。私たちの存在は他の人にとっても意義があることによって、その存在自体の意義も高まるし、また実際に心理学の研究を通して、多くの人は家族や友人などとの関係をもとにして人生の意味を感じていることも見てきた。そのことからも、人生の意味について認めてくれる他者の存在を通して感じる客観性というのは、人生の意味を高めるのに重要な要素といえる。しかし哲学で客観性があるだけでは絶対的な意味につながらないことが議論されたように、その意味を認める絶対的な存在を抜きにしては、私たちの意味は絶対的な意味にはつながらない。なぜなら絶対的な意味を持たない他者は、また他の人の主観的な意味に頼らざるを得ず、絶対的な存在を抜きにしてはその連鎖から抜けきれないからだ。このことからも絶対的な意味を考慮することの難しさが分かる。

では問い方を変えて、どのように人は存在するべきかと訊ねた場合はどうだろうか。もしくは私たちの存在する目的とは何なのかと考えた場合にはどうだろうか。この本で見てきたように、個人の人生の目的は人それぞれである。それは他の人が見つけるべきものではなく、個人が担うべき問題だといえる。しかしもしすべての人に共通する目的があるとしたら、それは生きるということだろう。どのような生き方をするにせよ、その生を全うすることがすべての人に共通する唯一の目的だといえる。カミュは「真に重大な哲学上の問題はひとつしかない。自殺ということだ。人生が生きるに値するか否かを判断する。これが哲学の根本問題に答えることなのである」と述べた。このように人生の意味を、生そのものの問題として考えた場合には、人生の意味の「意味」とは私たちを生かし続けるものを探すことであるともいえる。自分の存在の意味を理解し、自分をこの世界において意義深いものとして感じ、また目的を持って日々充足感を感じることによって、私たちは生きていく糧を得ている。もちろん何も考えずに日々の生活を全うし続ける人がいれば、それはそれでもちろん良いのだろう。しかし私たちは日々多くのことを考え、時には悩み、少なからずの葛藤を抱えて生きている。そのことを考えると、自分にとって何が大切なのかを理解していることは、こうした危機を乗り切る上で大きな助けとなる。

言い方を変えて、人生の意味の「意義」として考えた場合には、人生の意味とは私たちを悩みや迷いから救ってくれるものとしての意義だろう。たとえば自分の存在などちっぽけで、他の人にとっては無意味なものだと感じてしまうことがあったとしたら、反対に他の人や物事が自分にとって無意味になってしまっている可能性から考え始めると良いかもしれない。問題の多くは双方向的であるからだ。他の人を大切と思うことから意味は始まり、その人が私たちの存在に意味があると感じてくれるかもしれない。

本書で見てきたように、心理学の研究で明らかにされたのは、人生の意味は、近しい人との関係や日々の一貫性、または目的を持つことや自分らしくあることなど、日々の身近な経験の積み重ねによって感じられることだ。他者と良好な関係を築くためにはいくつもの犠牲を必要とし、自分らしくいることとは相反する要素が数多くあるかもしれないが、もし自分らしく他者と一緒にいられたとしたら、かなりの充足感が得られるだろう。それは難しいことかもしれないが、自分がもし他人から理解されていないと思ったら、自分がまずその人を理解することが大切だろう。人生の意味の一つの定義が理解することであったように、他者を理解することによっても、自分の人生の意味が深まることがある。また多くの研究者は、人生の意味を関係性によって生じるものだと指摘している。意味とは物事をつなげるものであり、それによって私たちは物事を理解することになる。重層的な人生の意味づけの項で見たように、様々な関係を築くことによって私たちはより揺るぎの少ない人生の意味を持つことができる。多くのことと関わり、世界に根を張っていくことによって多くの意味が生まれる。

もちろん関わりを多く持ちすぎることによる弊害が生じることもあり、すべての事柄にバランスは必要なことだ。その点では人生の意味も例外ではない。テロリストが暴力行為によって、人生の意味を満たすことがあるのも見てきた。あまりにも狭量で小さな組織内でしか共有されないような価値観によって人生に意味を見出すことも可能だ。しかし多くの他者と関われるような価値観によって意味を見出す方が、より健全で長く持続する意味であるともいえる。テロリストがその意味によって、自分の存在を失うことになってしまうように、狭義に規定される意味はその終わりを早く迎えることになってしまうだろう。

本書では人それぞれによって意味は違うし、個人個人が見つけるべきものだということについて折に触れて述べてきたが、より客観性を持った人生により重みのある意味が生まれるように、主観性と客観性のバランスも大切なものだ。多くの人に共有されるような価値観はより持続可能なものだ。その点で、客観的にも保証されるような意味はより意義深いものといえる。もちろんここで間違っていけないのは、これは短期的な承認欲求に基づくものとは異なるということだ。他者と共有された価値というのは、一時的に人の興味を引くような類のものではなく、他者も同じ志向を持っていたり、他者からも感謝されたりするようなものである。つまり他者の興味を引くのと、他者にも意味があるということには大きな違いがある。

もう一度、この章の最初に投げかけた問いへの答えを整理すると、宇宙自体も静的で絶対的な存在ではないように、人生にも絶対的な意味はなく、もし私たちに存在する唯一共通する目的があるとすると、それは私たちの生を全うすることである。そして個人の生の全うの仕方には、それぞれ自由があり、自分に合ったやり方で、そして他者にも意味のあるような存在でいられることで、主観、客観両方の形で認められる意味が生み出されるのだと考えられる。

人生の意味とは、本当はもっとページ数を割いて深く語りつくされるべきものであろうし、個人それぞれが先入観を抜きにして向き合うべき問題なのかもしれない。今この本を読んだ時に、ここで語られたことがしっくりこないと感じたとしても、また他の時に読んだ場合には違う感慨が浮かぶかもしれない。トルストイが精神的危機の後に違った態度で人生の意味に向き合ったように、私たちが持つ物事の捉え方は時によって変わるものだ。私たちの体が刻々と維持と成長を続けているように、人生の意味もそれを留めたり変化したりしながら存在している。もし心にもやもやとしたものが浮かんだとしたら、もう一度この本を読み返してみると、何かのきっかけをつかむことができるかもしれない。人生の意味を問うということは、自分自身を見つめ直すことでもある。人生の意味が理解や、存在意義、目的によって意味づけされるように、自分を理解し、他者にも意味のある存在として、どのように生きていきたいかを考えることが自分の人生をより意義深くすることにつながるだろう。

あとがき

　物事に何の意味があるのだろうと良く考える。それは子供の頃からの傾向で、その延長線上として人生の意味まで長い間考え続けることとなった。しかし若い頃はただ漠然と考えていただけで、研究を始めた時はまさかこれが研究課題の一つになるとは考えてもいなかったが、一度しかない人生の中では一番大切な問いと思われることを取り上げるのは必然だったのかもしれない。そして人生の意味について考えることの利点の一つは、何が自分にとって一番大切なことなのかを考えることだ。このことは自分が生活の中で色々なことを決断する上で、大きな助けとなっている。あまり大切ではないと思われる事柄には気を取られなくなったし、時間を有意義に使えている気もするからだ。その点では、人生の意味というレベルではなくても、何が一番大切なことなのかを考えるのは本当に有意義なことだと思う。使い古された言葉ではあるが、社会はますます複雑になり、これからもその傾向は収まりそうにない。問題を少しでも単純化するためにも、この問いは大きな助けになると思われる。

　研究では、そしてそれが心理学の研究である場合には、１００％の自信を持って語れるようなことはなかなかない。しかし多くの研究結果の総体として考えると、そこにはある程度自信の持てる核のようなものを見出すことができるようになる。本書の一部で物語を書くことによって自己の理解が深まることがあることに触れたが、本書を書く過程もそれに近いものがあった。繰り返し現れるテーマがあると、そこにある法則性みたいなものに気づくことになる。これは研究論文ではないので、いつもより一歩踏み込んだ解釈を行ったところも多々あるが、今回はそれが自分がしたかったことでもあり、一緒に人生の意味について考えてもらうというスタンスもあったことで、それがこの本が持っている意味ということでご容赦頂きたい。

他の研究者も述べていることだが、意味は関わることによって生まれてくる。この本も色々な人や物事に関わることによって生まれたといえる。自分は子供の頃から何かに帰属していたいという気持ちが強く、小さなコミュニティで深く関わることに憧れていた。しかしそれと共に好奇心も強く、結局は自分の町を離れてアメリカに渡ってしまった。人生の意味とは他者と関わることによって生まれるし、自分自身に正直であることによっても生まれる。このように人間の生とは複雑で一筋縄ではいかないものだ。しかし自分がこの本を書いて思いを新たにしたのは、自分が自分であることによって社会にユニークな存在として貢献できるということだ。アメリカにいるとそのことをつくづく実感させられる。そして日本に帰ると人の気づかいにとても癒される。もしグループ内で皆が同じことだけをしていたら、そのグループはきっと脆弱な存在になってしまうだろう。違う役割を担った多くの人がいることによって、社会は成り立っているのだと思う。その点も含めて、人それぞれが自分らしくありつつ、社会と折り合いをつけられれば良いと願っている。自分は元々そうした個人と社会の関係性の文化差についての研究から出発しているので、順番は逆になってしまったが、今度はそのことについて書きたいと思っている。まだこの本を書き終わったばかりなのに、人というのは懲りないものだ、と思う。

さてこの本を書くにあたって一番感謝をしているのは、両親の正夫と詔子の二人だ。文句の一つも言わずここまで支えてきてくれた二人にはこれからもずっと頭が上がらない。またここまで見守り続けてくれた妻のかおる、兄夫婦の和行・葉、そして他の家族にも心から感謝したい。そして今まで知り合った数多くの友人・仲間たちが、自分の人生に意味を与え続けてくれたのだと思う。ありがとう。これまで指導してくださった大村政男先生、浅井正昭先生、ダン・ランディス先生、キャロル・ゴーム先生、そしてドロレス・アルバラシン先生に深く感謝申しあげたい。また研究を手伝ってくれた研究室の学生や調査や実験に参加してくれた方々に感謝の意を表したい。そしてこの企画に賛同してくださり、ここまで支えてくださった新曜社の塩浦暲社長に深く謝意を申し上げたい。

参照文献

第1章

[1] McDonald, W. (2012). Søren Kierkegaard. In E. N. Zalta (Ed.), *Stanford encyclopedia of philosophy*. http://plato.stanford.edu/entries/kierkegaard

[2] Lurie, Y. (2006). *Tracking the meaning of life: A philosophical journey*. Columbia, MO: University of Missouri Press.

[3] 内田樹 (1993).「『意味しないもの』としての〈母〉：アルベール・カミュと性差」『女性学評論』*7*, 25-45.

[4] 稲田晴年 (1987).「失われた貧困：カミュの犯行について」『仏語仏文学研究』*1*, 163-181.

[5] Steger, M. F., Frazier, P., Oishi, S., & Kaler, M. (2006). The meaning in life questionnaire: Assessing the presence of and search for meaning in life. *Journal of Counseling Psychology, 53*, 80-93.

[6] Steger, M. F., Oishi, S., & Kashdan, T. B. (2009). Meaning in life across the life span: Levels and correlates of meaning in life from emerging adulthood to older adulthood. *Journal of Positive Psychology, 4*, 43-52.

[7] Alter, A. L., & Hershfield, H. E. (2014). People search for meaning when they approach a new decade in chronological age. *Proceedings of the National Academy of Sciences of the United States of America, 111*, 17066-17070.

[8] Steger, M., Kawabata, Y., Shimai, S., & Otake, K. (2008). The meaningful life in Japan and the United States: Levels and correlates of meaning in life. *Journal of Research in Personality, 42*, 660-678.

[9] Li, J. B., Dou, K., & Liang, Y. (2021). The relationship between presence of meaning, search for meaning, and subjective well-being: A three-level meta-analysis based on the Meaning in Life Questionnaire. *Journal of Happiness Studies, 22*, 467-489.

[10] Janoff-Bulman, R. (2010). *Shattered assumptions*. Simon and Schuster.

[11] Calhoun, L. G., & Tedeschi, R. G. (Eds.) (2014). *Handbook of posttraumatic growth: Research and practice*. Routledge.

[12] Noguchi, K. (2023). *Thinking of meaning in life: Cognitive engagement in meaning.* Unpublished Manuscript. University of Southern Mississippi.

第2章

[1] Seachris, J. (2011). Meaning of life: Contemporary analytic perspectives. In *Internet encyclopedia of philosophy.* Retrieved from http://www.iep.utm.edu/mean-ana/

[2] O'Brien, W. (2014). The meaning of life: Early continental and analytic perspectives. In J. Fieser, & B. Dowden (Eds.), *Internet encyclopedia of philosophy,* ISSN 2161-0002, http://www.iep.utm.edu

[3] Carlyle, T. (1834). Fraser's Magazine. available online at Project Gutenberg.

[4] Metz, T. (2022). Meaning of Life. In E. N. Zalta & U. Nodelman (Eds.), *The Stanford encyclopedia of philosophy* (Winter 2022 Edition), https://plato.stanford.edu/archives/win2022/entries/life-meaning

[5] Wolf, S. (2010). *Meaning in life and why it matters.* Princeton, NJ: Princeton University Press.

[6] Wolf, S. (2015). *The variety of values: Essays on morality, meaning, and love.* Oxford: Oxford University Press.

[7] Heintzelman, S. J., & King, L. A. (2014). Life is pretty meaningful. *American Psychologist, 69,* 561-574.

[8] George, L. S., & Park, C. L. (2016). Meaning in life as comprehension, purpose, and mattering: Toward integration and new research questions. *Review of General Psychology, 20,* 205-220.

[9] Martela, F., & Steger, M. F. (2016). The three meanings of meaning in life: Distinguishing coherence, purpose, and significance. *The Journal of Positive Psychology, 11,* 531-545.

[10] Debats, D. L., Drost, J., & Hansen, P. (1995). Experiences of meaning in life: A combined qualitative and quantitative approach. *British Journal of Psychology, 86,* 359-375.

[11] Reker, G. T., Peacock, E. J., & Wong, P. T. P. (1987). Meaning and purpose in life and well-being: A life-span perspective. *Journal of Gerontology, 42,* 44-49.

[12] Crumbaugh, J. C., & Maholick, L. T. (1969). *Manual of instructions for the*

Purpose in Life test. Abilene, TX: Viktor Frankl Institute of Logotherapy.
[13 Reker, G. T., & Peacock, E. J. (1981). The Life Attitude Profile (LAP): A multidimensional instrument for assessing attitudes toward life. *Canadian Journal of Behavioural Science, 13,* 264-273.
[14] Carver, C. S., & Scheier, M. F. (1998). *On the self-regulation of behavior.* Cambridge: Cambridge University Press.
[15] Swann, W. B., Jr. (1987). Identity negotiation: Where two roads meet. *Journal of Personality and Social Psychology, 53,* 1038-1051.
[16] Janoff-Bulman, R. (2010). *Shattered assumptions.* Simon and Schuster.
[17] Antonovsky, A. (1993). The structure and properties of the Sense of Coherence scale. *Social Science & Medicine, 36,* 725-733.
[18] Heine, S. J., Proulx, T., & Vohs, K. D. (2006). The meaning maintenance model: On the coherence of social motivations. *Personality and Social Psychology Review, 10,* 88-110.
[19] George, L. S., & Park, C. L. (2014). Existential mattering: Bringing attention to a neglected but central aspect of meaning? In A. Batthyany & P. Russo-Netzer (Eds.), *Meaning in positive and existential psychology* (pp.39-51). New York, NY: Springer.
[20] Noguchi, K. (2020). Meaning frame theory: Meaning arises with reference points. *Journal of Happiness Studies, 21,* 3121-3141.
[21] Heine, S. J., Kitayama, S., Lehman, D. R., Takata, T., Ide, E., Leung, C., et al. (2001). Divergent consequences of success and failure in Japan and North America: An investigation of self-improving motivations and malleable selves. *Journal of Personality and Social Psychology, 81,* 599-615.
[22] 内田由紀子 (2020).『これからの幸福について：文化的幸福観のすすめ』新曜社.

第3章

[1] Heintzelman, S. J., & King, L. A. (2014). Life is pretty meaningful. *American Psychologist, 69,* 561-574.
[2] Oishi, S., & Diener, E. (2014). Residents of poor nations have a greater sense of meaning in life than residents of wealthy nations. *Psychological Science, 25,*

422-430.
[3] Juster, F. T., & Suzman, R. (1995). An overview of the Health and Retirement Study. *Journal of Human Resources, 30,* S7-S56.
[4] House, J. S. (1986). *The survey of Americans' Changing Lives [Data file].* Ann Arbor, MI: Institute for Social Research.
[5] House, J. A. (2008). *Americans' changing lives: Waves I, II, III, and IV codebook.* Ann Arbor, MI: Inter-University Consortium for Political and Social Research, University of Michigan.
[6] Crumbaugh, J. C., & Maholick, L. T. (1969). *Manual of instructions for the Purpose in Life test.* Abilene, TX: Viktor Frankl Institute of Logotherapy.
[7] Steger, M. F., Frazier, P., Oishi, S., & Kaler, M. (2006). The meaning in life questionnaire: Assessing the presence of and search for meaning in life. *Journal of Counseling Psychology, 53,* 80-93.
[8] Frankl, V. E. (1963). *Man's search for meaning: An introduction to logotherapy.* New York: Washington Square Press.
[9] Klinger, E. (1977). *Meaning and void: Inner experience and the incentives in people's lives.* Minneapolis, MN: University of Minnesota Press.
[10] DeVogler, K. L., & Ebersole, P. (1980). Categorization of college students' meaning in life. *Psychological Reports, 46,* 387-390.
[11] Reker, G. T., & Wong, P. T. P. (1988). Aging as an individual process: Toward a theory of personal meaning. In J. E. Birren & V. L. Bengtson (Eds.), *Emergent theories of aging* (pp.214-246). New York, NY: Springer.
[12] Schnell, T. (2009). The Sources of Meaning and Meaning in Life Questionnaire (SoMe): Relations to demographics and well-being. *Journal of Positive Psychology, 4,* 483-499.
[13] Lambert, N. M., Stillman, T. F., Baumeister, R. F., Fincham, F. D., Hicks, J. A., & Graham, S. M. (2010). Family as a salient source of meaning in young adulthood. *The Journal of Positive Psychology, 5,* 367-376.
[14] Delle Fave, A., Brdar, I., Freire, T., Vella-Brodrick, D. A., & Wissing, M. P. (2011). The eudaimonic and hedonic components of happiness: Qualitative and quantitative findings. *Social Indicators Research, 100,* 185-207.
[15] Lambert, N. M., Baumeister, R. F., Stillman, T. F., & Finchman, F. D. (2012).

Family and meaning: Examining the four needs for meaning as mediators. *International Journal of Existential Psychology and Psychotherapy, 4,* 31-44.

[16] Lambert, N. M., Stillman, T. F., Hicks, J. A., Kamble, S., Baumeister, R. F., & Fincham, F. D. (2013). To belong is to matter: Sense of belonging enhances meaning in life. *Personality and Social Psychology Bulletin, 39,* 1418-1427.

[17] Stavrova, O., & Luhmann, M. (2016). Social connectedness as a source and consequence of meaning in life. *The Journal of Positive Psychology, 11,* 470-479.

[18] Heintzelman, S. J., Trent, J., & King, L. A. (2013). Encounters with objective coherence and the experience of meaning in life. *Psychological Science, 24,* 991-998.

[19] Heintzelman, S. J., & King, L. A. (2019). Routines and meaning in life. *Personality and Social Psychology Bulletin, 45,* 688-699.

[20] Antonovsky, A. (1993). The structure and properties of the Sense of Coherence scale. *Social Science & Medicine, 36,* 725-733.

[21] Winger, J. G., Adams, R. N., & Mosher, C. E. (2016). Relations of meaning in life and sense of coherence to distress in cancer patients: A meta-analysis. *Psycho-Oncology, 25,* 2-10.

[22] Swann, W. B., Jr. (1987). Identity negotiation: Where two roads meet. *Journal of Personality and Social Psychology, 53,* 1038-1051.

[23] McGregor, I., & Little, B. R. (1998). Personal projects, happiness, and meaning: On doing well and being yourself. *Journal of Personality and Social Psychology, 74,* 494-512.

[24] Schlegel, R. J., Hicks, J. A., Arndt, J., & King, L. A. (2009). Thine own self: True self-concept accessibility and meaning in life. *Journal of Personality and Social Psychology, 96,* 473-490.

[25] Wood, A. M., Linley, P. A., Maltby, J., Baliousis, M., & Joseph, S. (2008). The authentic personality: A theoretical and empirical conceptualization and the development of the Authenticity Scale. *Journal of Counseling Psychology, 55,* 385-399.

[26] Sutton, A. (2020). Living the good life: A meta-analysis of authenticity, well-being, and engagement. *Personality and Individual Differences, 153,* 109645.

[27] Lenton, A. P., Slabu, L., & Sedikides, C. (2016). State authenticity in

everyday life. *European Journal of Personality, 30,* 64-82.

[28] Newton, T., & McIntosh, D. N. (2013). Unique contributions of religion to meaning. In J. A. Hicks & C. Routledge (Eds.), *The experience of meaning in life: Classical perspectives, emerging themes, and controversies* (pp.257-269). Springer Dordrecht.

[29] Park, C. L. (2005). Religion and meaning. In R. F. Paloutzian & C. L. Park (Eds.), *Handbook of the psychology of religion and spirituality* (pp.295-314). New York: Guilford Press.

[30] Kay, A. C., Shepherd, S., Blatz, C. W., Chua, S. N., & Galinsky, A. D. (2010). For God (or) country: The hydraulic relation between government instability and belief in religious sources of control. *Journal of Personality and Social Psychology, 99,* 725-739.

[31] Kay, A. C., Gaucher, D., Napier, J. L., Callan, M. J., & Laurin, K. (2008). God and the government: Testing a compensatory control mechanism for the support of external systems. *Journal of Personality and Social Psychology, 95,* 18-35.

[32] Laurin, K., Kay, A. C., & Moscovitch, D. A. (2008). On the belief in God: Towards an understanding of the emotional substrates of compensatory control. *Journal of Experimental Social Psychology, 44,* 1559-1562.

[33] Pargament, K. I., & Mahoney, A. (2005). Sacred matters: Sanctification as a vital topic for the psychology of religion. *International Journal of Psychology of Religion, 15,* 179-198.

[34] Emmons, R. A., Cheung, C., & Tehrani, K. (1998). Assessing spirituality through personal goals: Implications for research on religion and subjective well-being. *Social Indicator Research, 45,* 391-422.

[35] Norenzayan, A., Dar-Nimrod, I., Hansen, I. G., & Proulx, T. (2009). Mortality salience and religion: Divergent effects on the defense of cultural worldviews for the religious and the non-religious. *European Journal of Social Psychology, 39,* 101-113.

[36] Jonas, E., & Fischer, P. (2006). Terror management and religion: Evidence that intrinsic religiousness mitigates worldview defense following mortality salience. *Journal of Personality and Social Psychology, 91,* 553-567.

[37] Inzlicht, M., Tullett, A. M., & Good, M. (2011). The need to believe: A neuroscience account of religion as a motivated process. *Religion, Brain & Behavior, 1,* 192-212.

[38] Goplen, J., & Plant, E. A. (2015). A religious worldview: Protecting one's meaning system through religious prejudice. *Personality and Social Psychology Bulletin, 41,* 1474-1487.

第4章

[1] 内田由紀子 (2020).『これからの幸福について：文化的幸福観のすすめ』新曜社.

[2] 大石繁宏 (2009).『幸せを科学する：心理学からわかったこと』新曜社.

[3] Eid, M., & Larsen, R. J. (Eds.) (2008). *The science of subjective wellbeing.* New York: Guilford Press.

[4] Baumeister, R. F., Vohs, K. D., Aaker, J. L., & Garbinsky, E. N. (2013). Some key differences between a happy life and a meaningful life. *The Journal of Positive Psychology, 8,* 505-516.

[5] Ryff, C. D., & Singer, B. H. (2008). Know thyself and become what you are: A eudaimonic approach to psychological well-being. *Journal of Happiness Studies, 9,* 13-39.

[6] Ryff, C. D. (1989). Happiness is everything, or is it? Exploration of the meaning of psychological well-being. *Journal of Personality and Social Psychology, 57,* 1069-1081.

[7] Gross, J. J., & John, O. P. (2003). Individual differences in two emotion regulation processes: Implications for affect, relationships, and well-being. *Journal of Personality and Social Psychology, 85,* 348-362.

[8] Ryff, C. D., Singer, B. H., & Dienberg Love, G. (2004). Positive health: Connecting well-being with biology. *Philosophical Transactions of the Royal Society of London Series B: Biological Sciences, 359,* 1383-1394.

[9] Veenhoven, R. (2003). Hedonism and happiness. *Journal of Happiness Studies, 4,* 437-457.

[10] Dittmar, H., Bond, R., Hurst, M., & Kasser, T. (2014). The relationship between materialism and personal well-being: A meta-analysis. *Journal of*

Personality and Social Psychology, 107, 879-924.

[11] Noguchi, K. (2022). Grateful and existential meaning across cultures. *Journal of Constructivist Psychology, 35,* 344-359.

[12] Cacioppo, J. T., & Cacioppo, S. (2018). The growing problem of loneliness. *The Lancet, 391,* 426.

[13] Gruber, J., Mauss, I. B., & Tamir, M. (2011). A dark side of happiness? How, when, and why happiness is not always good. *Perspectives on Psychological Science, 6,* 222-233.

[14] Mauss, I. B., Tamir, M., Anderson, C. L., & Savino, N. S. (2011). Can seeking happiness make people unhappy? Paradoxical effects of valuing happiness. *Emotion, 11,* 807-815.

[15] Mauss, I. B., Savino, N. S., Anderson, C. L., Weisbuch, M., Tamir, M., & Laudenslager, M. L. (2012). The pursuit of happiness can be lonely. *Emotion, 12,* 908-912.

[16] Heine, S. J., Proulx, T., & Vohs, K. D. (2006). The meaning maintenance model: On the coherence of social motivations. *Personality and Social Psychology Review, 10,* 88-110.

[17] Greenberg, J., Pyszczynski, T., & Solomon, S. (1986). The causes and consequences of a need for self-esteem: A terror management theory. In R. F. Baumeister (Ed.), *Public self and private self* (pp.189-212). New York, NY: Springer.

[18] Adorno, T. W., Frenkel-Brunswik, E., Levinson, D. J., & Sanford, R. N. (1950). *The authoritarian personality.* New York, NY: Harper & Row.

[19] Park, C. L. (2010). Making sense of the meaning literature: An integrative review of meaning making and its effects on adjustment to stressful life events. *Psychological Bulletin, 136,* 257-301.

[20] Janoff-Bulman, R. (1992). *Shattered assumptions: Towards a new psychology of trauma.* New York: Free Press.

[21] Kruglanski, A., Jasko, K., Webber, D., Chernikova, M., & Molinario, E. (2018). The making of violent extremists. *Review of General Psychology, 22,* 107-120.

[22] Pedahzur, A. (2005). *Suicide terrorism.* Cambridge, UK: Polity Press.

[23] Adib-Moghaddam, A. (2005). Islamic utopian romanticism and the foreign

policy culture of Iran. *Critique, 14,* 265-292.
[24] Webber, D., Klein, K., Kruglanski, A., Brizi, A., & Merari, A. (2017). Divergent paths to martyrdom and significance among suicide attackers. *Terrorism and Political Violence, 29,* 852-874.
[25] Jasko, K., LaFree, G., & Kruglanski, A. W. (2016). Quest for significance and violent extremism: The case of domestic radicalization. *Political Psychology, 38,* 815-831.

第5章

[1] レフ・トルストイ（原久一郎 訳)(1935).『懺悔』岩波文庫.
[2] Lurie, Y. (2006). *Tracking the meaning of life: A philosophical journey.* Columbia, MO: University of Missouri Press.
[3] ロマン・ロラン（蛯原徳夫 訳)(1960).『トルストイの生涯』岩波文庫.
[4] Kierkegaard, S. (2014/1843). *Fear and trembling: A dialectical lyric.* Translated by J. De Silentio. Penguin Classic, UK ed.
[5] Schopenhauer, A. (1819/1969). *The world as will and representation.* Translated by E. F. J. Payne. New York: Dover Publications.
[6] Baumeister, R. F., & Leary, M. R. (1995). The need to belong: Desire for interpersonal attachments as a fundamental human motivation. *Psychological Bulletin, 117,* 497-529.
[7] Camus, A. (1955). *An absurd reasoning. The myth of Sisyphus and other essays.* Translated by J. O'Brien. New York: Vintage Books.
[8] Sartre, J. P. (1956). *Being and nothingness.* Translated by. H. E. Barnes. New York, NY: Philosophical Library.
[9] Heidegger, M. (1962/1927). *Being and time.* Translated by J. Macquarrie & E. Robinson. New York, NY: Harper & Row.

第6章

[1] Costin, V., & Vignoles, V. L. (2020). Meaning is about mattering: Evaluating coherence, purpose, and existential mattering as precursors of meaning in life judgments. *Journal of Personality and Social Psychology, 4,* 864-884.
[2] Martela, F., Ryan, R. M., & Steger, M. F. (2018). Meaningfulness as

satisfaction of autonomy, competence, relatedness, and beneficence: Comparing the four satisfactions and positive affect as predictors of meaning in life. *Journal of Happiness Studies, 19,* 1261-1282.

[3] Heintzelman, S. J., & King, L. A. (2019). Routines and meaning in life. *Personality and Social Psychology Bulletin, 45,* 688-699.

[4] Lambert, N. M., Stillman, T. F., Hicks, J. A., Kamble, S., Baumeister, R. F., & Fincham, F. D. (2013). To belong is to matter: Sense of belonging enhances meaning in life. *Personality and Social Psychology Bulletin, 39,* 1418-1427.

[5] Schlegel, R. J., Hicks, J. A., Arndt, J., & King, L. A. (2009). Thine own self: True self-concept accessibility and meaning in life. *Journal of Personality and Social Psychology, 96,* 473-490.

[6] Bentler, P. M., & Speckart, G. (1979). Models of attitude-behavior relations. *Psychological Review, 86,* 452-464.

[7] Ajzen, I., & Madden, T. J. (1986). Prediction of goal-directed behavior: Attitudes, intentions, and perceived behavioral control. *Journal of Experimental Social Psychology, 22,* 453-474.

[8] Pennebaker, J. W. (1997). *Opening up: The healing power of expressing emotion.* New York, NY: Guilford.

[9] Pennebaker, J. W., & Beall, S. K. (1986). Confronting a traumatic event: Toward an understanding of inhibition and disease. *Journal of Personality and Social Psychology, 58,* 528-537.

[10] McAdams, D. P. (2008). Personal narratives and the life story. In O. P. John, R. W. Robins, & L. A. Pervin (Eds.), *Handbook of personality: Theory and research* (3rd ed., pp.242-262). New York, NY: Guilford Press.

[11] MacKenzie, M. J., & Baumeister, R. F. (2014). Meaning in life: Nature, needs, and myths. In A. Batthyana & P. Russo-Netzer (Eds.), *Meaning in positive and existential psychology* (pp.25-37). Springer New York.

[12] Bandura, A. (2006). Guide to construction of self-efficacy scales. In F. Pajares & T. Urdan (Eds.), *Self-efficacy beliefs of adolescents* (Vol.5, pp.307-337). Greenwich, CT: Information Age.

[13] Csikszentmihalyi, M. (1990). *Flow: The psychology of optimal experience.* New York, NY: Harper Collins.

[14] Carver, C. S., & Scheier, M. F. (1998). *On the self-regulation of behavior.* Cambridge: Cambridge University Press.

[15] Sone, T., Nakaya, N., Ohmori, K., Shimazu, T., Higashiguchi, M., Kakizaki, M., ... Tsuji, I. (2008). Sense of life worth living (ikigai) and mortality in Japan: Ohsaki study. *Psychosomatic Medicine, 70,* 709-715.

[16] Deci, E. L., Koestner, R., & Ryan, R. M. (1999). A meta-analytic review of experiments examining the effects of extrinsic rewards on intrinsic motivation. *Psychological Bulletin, 125,* 627-668.

著者紹介

野口謙二（のぐち　けんじ）

サザンミシシッピ大学心理学部准教授。2004年ミシシッピ大学よりPh.D.取得。

2005年より2008年までフロリダ大学にてポストドクトラルリサーチフェロー。

2008年よりサザンミシシッピ大学所属。同年、Asian Association of Social Psychology より Misumi Award を受賞。専門分野は社会心理学で、比較文化研究による個人と社会の関係性や人生の意味、ウェルビーイングなど、心の健康についての研究を主に行っている。

新曜社

人生の意味の「意味」
心理学から言えること

初版第1刷発行　2023年9月10日

著　者　野口謙二
発行者　塩浦　暲
発行所　株式会社　新曜社
101－0051　東京都千代田区神田神保町3－9
電話 (03)3264－4973（代）・FAX (03)3239－2958
e-mail : info@shin-yo-sha.co.jp
URL : https://www.shin-yo-sha.co.jp

組　版　Katzen House
印　刷　新日本印刷
製　本　積信堂

ISBN978-4-7885-1822-3 C1011